Swantje Bittner

Friluftsliv

Ein Pädagogischer Ansatz mit Parallelen zur Erlebnispädagogik?

ZIEL – Zentrum für interdisziplinäres erfahrungsorientiertes Lernen GmbH
Augsburg 2009

Wichtiger Hinweis des Verlages: Der Verlag hat sich bemüht, die Copyright-Inhaber aller verwendeten Zitate, Texte, Bilder, Abbildungen und Illustrationen zu ermitteln. Leider gelang dies nicht in allen Fällen. Sollten wir jemanden übergangen haben, so bitten wir die Copyright-Inhaber, sich mit uns in Verbindung zu setzen.

Inhalt und Form des vorliegenden Bandes liegen in der Verantwortung der Autoren.

Bibliografische Information der Deutschen Bibliothek
Die Deutsche Bibliothek verzeichnet diese Publikation in der Deutschen Nationalbibliografie; detaillierte bibliografische Daten sind im Internet über *http://dnb.ddb.de* abrufbar.

Printed in Germany

ISBN 978-3-940 562-34-0

Verlag:	ZIEL – Zentrum für interdisziplinäres erfahrungsorientiertes Lernen GmbH Zeuggasse 7–9, 86150 Augsburg, www.ziel-verlag.de 1. Auflage 2009
Grafik und Layoutgestaltung:	Stefanie Huber, ***alex media GbR*** Zeuggasse 7–9, 86150 Augsburg
Gesamtherstellung:	Friends Media Group GmbH www.friends-media-group.de

Inhaltsverzeichnis

Einleitung

In Norwegen verbindet man den Aufenthalt in der Natur und eine Vielzahl der damit verbundenen Aktivitäten mit dem Begriff Friluftsliv. Die Übersetzung „Freiluftleben" oder „Leben im Freien" ist in Deutschland hingegen nahezu unbekannt.
Im Jahr 2000 hörte ich in Norwegen das erste Mal den Begriff Friluftsliv. Damals war ich im Anschluss an eine Wildniswanderung zu Besuch bei der Direktorin der Sogndal Folkehøgskule und ihrem Mann, der an dieser Schule Friluftsliv unterrichtet.
Ich wurde neugierig, was sich hinter dem Begriffen Friluftsliv und Folkehøgskole[1] verbirgt. Folkehøgskolen sind eine Art Internat für junge Menschen, an denen während eines einjährigen Schuljahres u.a. das Hauptfach „Friluftsliv" belegt werden kann. Neugierig geworden besuchte ich im Schuljahr 2001/2002 die Sogndal Folkehøgskule mit der Belegung des Hauptfaches Friluftsliv.
Heute weiß ich genau, was Friluftsliv und Folkehøgskolen[2] sind. Der Aufenthalt und die Aktivität in der Natur sind kennzeichnend für das Friluftsliv. Für Norweger ist das Friluftsliv ein wichtiges Kulturerbe, eine Lebensphilosophie, Lebensstil und eine Hilfe bei der Identitätsbildung. Interessant ist ebenso, dass aus dem Friluftsliv heraus eine Friluftsliv-Pädagogik entstanden ist.

Der Schwede Öhman (2001, S. 25) bringt den komplexen Sachverhalt Friluftsliv in drei Sätzen unter: "I will use the Swedish term friluftsliv as it has a special meaning in the Nordic countries. The word consists of three words: fri – free, luft – air, liv – life. I will use the term in the following meaning: Friluftsliv is to travel and live in close contact with nature where the main purpose is to make experiences."

Den Kontakt zu dem Personal der Sogndal Folkehøgskule habe ich nach meinem Schuljahr durch zahlreiche Besuche gehalten; und vier Jahre später kehrte ich im Schuljahr 2006/2007 als Praktikantin an diese Schule zurück.
Seit 2001 debattierte ich öfter mit Freunden und Kollegen über Erlebnispädagogik und Friluftsliv(-Pädagogik), Gemeinsames und Trennendes, kulturelle Einflüsse, geographische Gegebenheiten und möglichen Transfer.
Bestimmte Standpunkte, Fragestellungen und Behauptungen waren manchmal unverständlich, missverständlich, vorerst unüberprüfbar oder unwiderlegbar.

1 Im Norwegischen sind die Schreibweisen Folkehøgskole und Folkehøgskule grammatikalisch möglich. Für die Sogndal Folkehøgskule ist aufgrund des lokalen Dialektes die Schreibweise mit „u" gebräuchlich.

2 Auf die Folkehøgskolen wird in dem entsprechenden Kapitel näher eingegangen.

Wenig hilfreich war zudem, dass es in der deutschsprachigen Fachliteratur kaum Hinweise auf das Friluftsliv gab. So erwähnen Heckmair und Michl (2004, S. 82) in ihrem heute zum Standardwerk der Erlebnispädagogik zählenden Buch „Erleben und Lernen. Einführung in die Erlebnispädagogik" das Friluftsliv nur am Rande, ohne näher auf den pädagogischen Wert einzugehen oder einen Bezug zur Erlebnispädagogik herzustellen, bzw. diesen zu widerlegen: „In Norwegen arbeitet seit vielen Jahren eine ganze Reihe von Initiativen in der Gemeinwesenarbeit und nutzt dabei eine am Erfahrungslernen orientierte Konzeption unter Einschluss von Natursportarten. Anknüpfend an diese alte Tradition wird an verschiedenen Hochschulen des Landes das Fach Freiluftleben gelehrt. Inzwischen hat sich in Norwegen 'Friluftsliv' – eine Schulform, die 1960 per Gesetz eingesetzt wurde – gespalten in das 'Traditionelle Friluftsliv' und in 'Extreme Sporty Friluftsliv' [Traditionelles Friluftsliv und Aktivitäts- und Spannungsgeladenes Friluftsliv; S.B.]."

Dieser Informationsstand reichte mir nicht. Ich recherchierte an norwegischen Bibliotheken, um mehr über den pädagogischen Ansatz des Friluftsliv zu erfahren und um mögliche Parallelen zur Erlebnispädagogik festzustellen. Dieser Gedankengang entstand, weil unklar war, worin sich Friluftsliv und Erlebnispädagogik eigentlich unterscheiden und ob überhaupt Parallelen zu finden sind.

Ich verwende bewusst den norwegischen Begriff „Friluftsliv", da er meiner Meinung nach besser wiederspiegelt, wofür Friluftsliv für die Norweger steht, als der in das Deutsche übersetzte Begriff „Freiluftleben".
Das Wort Friluftsliv findet sich im norwegischen, schwedischen und dänischen Sprachraum und ist in diesen Ländern gleichermaßen bekannt. Ich beziehe mich aufgrund meiner überwiegend in Norwegen gemachten Beobachtungen und Erfahrungen – die ich häufig als Praxisbeispiele wiedergeben werde – weitestgehend auf das in Norwegen praktizierte Friluftsliv.

Zunächst gehe ich ausführlich auf den geschichtlichen Abriss des Friluftsliv ein, da dieses Hintergrundwissen für das Verständnis von Friluftsliv, und für die heutige Entwicklung hinsichtlich der Friluftsliv-Pädagogik von Bedeutung ist.

Anschließend wird ein Überblick darüber gegeben, wie Friluftsliv heute aus unterschiedlichen Blickwinkeln gesehen wird, welche Personen das Friluftsliv in unterschiedlicher Weise prägten und prägen und in was für Institutionen Friluftsliv mit welchen Intentionen betrieben wird.

Im dritten Kapitel wird ausführlich auf die unterschiedlichen Aspekte der Friluftsliv-Pädagogik eingegangen. Dabei wird der Bezug zur Erlebnispädagogik hergestellt, wobei sich Parallelen und Differenzen herauskristallisieren, auf die entsprechend eingegangen wird.

Im vierten Kapitel richtet sich der Fokus auf das Erlebnis, ein heute vielseitig gebrauchter Begriff, der in der Friluftsliv-Pädagogik wie auch in der Erlebnispädagogik eine zentrale Rolle spielt.

Im Anschluss daran werden entsprechend der Fragestellung die Parallelen und Differenzen zwischen der Friluftsliv-Pädagogik und der Erlebnispädagogik zusammengefasst, die sich aus den vorangegangenen Kapiteln ergeben haben.
Abschließend wird ein in die Zukunft gerichteten Ausblick auf den Ansatz der Friluftsliv-Pädagogik gegeben.

1. Friluftsliv – ein geschichtlicher Abriss

Friluftsliv hat in Norwegen eine lange Tradition und ist in ganz Skandinavien ein Begriff. Der Ursprung vom Friluftsliv liegt nicht wie bei der Erlebnispädagogik in der Reformpädagogik, sondern hat sich kulturell entwickelt. Es ist schwierig, dem Begriff des Friluftsliv eine Definition und Bedeutung zuzusprechen, die klar und eindeutig ist. Es ist verständlicher zu erklären, wie sich Friluftsliv entwickelt hat und dabei aufzuzeigen, wie die unterschiedlichen Entwicklungsströme dieses Ansatzes ineinander gegriffen haben.

1.1 Rückblick/Vor dem Friluftsliv

Die erste schriftliche Erwähnung findet Friluftsliv 1859 in dem Gedicht „Auf der Hochebene“ von Henrik Ibsen (1826–1906).
Ibsen beschreibt darin den Herbst, der langsam vergeht, den unwegsamen Pfad, den er nun bald in das Tal hinab beschreiten wird, die Frage, wo sein wirkliches zuhause ist, den Tod, den herannahenden Winter und dass er auf der Hochebene seinen Platz in diesem Leben gefunden hat.

„Die Tat des Tages hat keine Bedeutung,
so wie dort unten im Tal betrieben;
hier oben sind meine Gedanken stark,
nur auf der Hochebene fühle ich mich wohl.

In der öden Hüttenstube
All meine wertvollen gesammelten Fänge;
Da stehen der Hocker und der Ofen,
Friluftsliv für meine Gedanken“[3] (Ibsen 1962, S. 367 f)[4].

Damals bezeichnete Friluftsliv das Zusammentreffen von Mensch und Natur und hatte einen religiösen Unterton.
Die Norweger waren von jeher ein Volk, das in und von der Natur gelebt hat. „Nachdem Jäger und Fischer seit mehr als 5.000 Jahren in den Bergen und an den Küsten gelebt hatten, begann man etwa 500 n. Chr. mit der ersten Landwirtschaft“ (Breivik 2000, S. 119). Die Bevölkerung lebte vom Ackerbau, Fischfang, von der Jagd und der Ziegen- und Schafzucht. Daraus haben sich über Generationen hinweg verschiedene Formen von Aktivitäten entwickelt, die zum Überleben erforderlich waren.

3 Dies ist ein Auszug aus dem Gedicht „Auf der Hochebene“.
4 Sämtliche Übersetzungen aus dem Schwedischen, Norwegischen und Dänischen in die deutsche Sprache wurden von der Verfasserin übersetzt.

Schon seit der Steinzeit hatte die Bevölkerung insbesondere im Norden Norwegens Mühe zu überleben. Von den anfangs genutzten Höhlen über Zelte und kleine Unterschlüpfhütten genannt „Gammar“, hat sich die Unterkunftsform der Menschen hin zum Haus entwickelt. In unwegsamen Gelände haben sie kleine Waldstücke gerodet, um sich kleine Gehöfte zu bauen. Die Menschen lebten in der Realität, dass das Leben in der zerklüfteten Landschaft Norwegens äußerst hart und bei der Arbeit oft lebensgefährlich war.

In diesem Zusammenhang waren von jeher verschiedene Fertigkeiten erforderlich, die vielerorts noch bis Mitte des 20 Jahrhundert hinein von Nöten waren:

- Die Menschen lernten die Natur zu nutzen, wilde Pflanzen zum Essen oder als Medizin zu verwenden, sowie Beeren und Pilze zu sammeln.
- Sie erlernten den Bau von Booten, Rudern und Segeln, um auf den Fjorden und im offenen Meer zu fischen. Außerdem waren die Fischerboote als Verkehrsmittel unverzichtbar, da die meisten Fjorde aufgrund der zerklüfteten Landschaft nicht durch Wege miteinander verbunden waren.
- Die Jäger, die durch die Wälder und Gebirge zogen, mussten zwingend Kenntnisse über Orientierung und Wetterkunde haben. Die Jagd wurde neben der Fischerei zur Lebenssicherung betrieben.
- Um Handel treiben zu können, musste man oft lange Wege zu Fuß durch das Hochgebirge Jotunheimen oder über die Hochebene Hardangervidda zurücklegen.
- Bergwanderungen mit Packpferden auf alten Handelswegen waren kein Abenteuer, sondern Knochenarbeit für Bauern und Händler, die auf den Pfaden von den Städten aufs Land und umgekehrt unterwegs waren.
- Wer Ziegen und Schafe besaß, um beispielsweise Brunost[5] herzustellen, hatte meist nur ein sehr kleines Stück Weideland. Die Tiere zogen in den Wäldern und Bergen umher und es war keine Seltenheit, dass die Bauern ihre Tiere von Felsvorsprüngen abbergen mussten. Kletterfertigkeiten gehörten somit auch zum Alltag dieser Zeit.
- Der Winter, der sich teilweise über ein halbes Jahr erstreckte, machte es erforderlich, dass sich die Bevölkerung in dieser Zeit auf Skiern oder Schneeschuhen durch die Landschaft fortbewegte. Wissen über Lawinengefahr und der Bau von Notunterkünften im Schnee waren erforderlich.

5 Brunost ist ein bräunlicher, karamelisierter Ziegenkäse, der traditionell in Norwegen hergestellt wird.

- Der Jostedalsbreen, der sich in Breheimen zwischen dem Sognefjord und dem Nordfjord erstreckt, ist mit 487 qm der größte Gletscher auf dem europäischen Festland. Rund um das Plateau des Jostedalsbreen gibt es verschiedene Gletscherzungen in alle Himmelsrichtungen. Die Menschen, die in den Tälern der Ostseite des Jostedalsbreen wohnten, überquerten in den Sommermonaten den Gletscher, um mit den Ansiedlungen auf der Westseite bis zu den Fjorden und der Küste Handel zu treiben.
  Es wurde Viehhandel mit Rindern und Schafen über den Gletscher hinweg betrieben, so dass das Vieh im Mai/Juni an klaren Abenden, wenn der Schnee im Laufe des Abends gefror und das Eis am dicksten und besten war, über den Gletscher getrieben wurde (vgl. Wold/Ryvarden 1996, S. 79f).
- Gletscherwandern mit dem dazugehörigen Wissen, wo beispielsweise vermehrt Gletscherspalten auftreten, die teilweise durch eine Schneedecke verdeckt sind und an welchen Stellen es Hohlräume unter dem Eis gibt, waren für die Menschen der damaligen Zeit erforderlich.

Dies ist der kulturhistorische Hintergrund, vor dem das Friluftsliv entstanden ist.

1.2 Friluftsliv entwickelt sich

Mitte des 19. Jahrhunderts begann ein kleiner Kreis von Menschen, Touren in die Natur und insbesondere auf Gletscher zu unternehmen, ohne dass dies für die Arbeit oder das tägliche Leben notwendig gewesen wäre.
Es waren wohlhabende Engländer, die ins Land kamen, um mit eigenen Augen die gigantischen Gletscher zu sehen und um Touren in der norwegischen Natur zu unternehmen. Für die englische Oberklasse, die die wirtschaftlichen Mittel für eine Reise ins Ausland hatte, wurde es populär, in Gegenden wie dem Vestlandet[6] mit seiner wilden Natur, prachtvollen Wasserfällen und großen Gletschern zu reisen.
Mit steigendem Wohlstand der norwegischen Oberklasse wurde das Reisen in die Berge auch für die einheimische Stadtbevölkerung populär. Dichter, Naturforscher, Komponisten und Künstler strömten als Touristen in die Natur.
„Diese soziale Schicht hatte Zeit, Gelegenheit und Interesse, aus dem Stadtleben heraus zu kommen, um etwas Ursprüngliches und Echtes zu erleben" (Mytting/Bischoff 2003, S. 20).
Es war für die Landbevölkerung neu und exotisch, dass die Bürgerschaft Ausflüge mit dem Ziel unternahm, sich in der Natur zu vergnügen.

6 Als Vestland(et) wird der westliche Teil Norwegens entlang der Atlantikküste bezeichnet. Er umfasst die Provinzen Møre og Romsdal, Sogn og Fjordane, Hordaland und Rogaland und hat eine Fläche von 58.498 qm. Die Städte Bergen und Stavanger liegen im Vestlandet. Das Gebiet ist durchzogen von imposanten Fjorden und übersät von Gletschern.

„Diese ländliche Bevölkerung geriet in den Fokus der Touristen, die das Leben dieser naturverbundenen Menschen mit all ihren lokal unterschiedlichen Lebensstilen und Sprachen erleben und nachvollziehen wollten“ (Melzer 2007, S. 91). Auch viele Deutsche kamen in der Zeit der Spätromantik nach Norwegen, um die unberührte Landschaft und die naturverbundene Bevölkerung zu erleben.

Aktivitäten wie Jagen, Fischen, Bergtouren, Klettern, Gletscherwandern, Segeln und Skiwandern wurden allmählich mit dem Ziel betrieben, ein Erlebnis zu haben und eine Aktivität für sich selbst zu betreiben, und nicht mehr für die bloße Sicherung des Lebensunterhalts. Daraus ist der Begriff Friluftsliv erwachsen.

Gegen Ende des 19. Jahrhunderts entstanden verschiedene Vereine, um Friluftsliv in der Gemeinschaft zu betreiben:

- Den Norske Turistforening – DNT (Der norwegische Touristenverein, 1868 gegründet)[7]
- Norsk Tindeklub (Norwegischer Gipfelclub, 1908 gegründet)
- Norges Jeger- og Fiskerforbund (Norwegischer Jagd- und Angelverband, 1871 gegründet)
- Foreningen til Ski-Idrettens Fremme (Verein zur Förderung von Ski und Sport, 1883 gegründet)

Der DNT begann damit, Gletscherführer auszubilden, die sich ‘Patentführer’ nannten. Gegen eine feste Bezahlung, die durch den Verein festgelegt wurde, führten sie die Touristen über die Gletscher. Im Jahr 1888 gab es bereits 18 Männer, die für den DNT als Gletscherführer arbeiteten und Touristen im Sommer über den Jostedalsbreen führten. Es war normal, dass die Touren 10–14 Stunden Zeit beanspruchten (vgl. Wold/Ryvarden 1996, S. 82).

Neben den Bergen als Hauptzielgebiet wurde das Jagen, Fischen und das einfache Wandern als Aktivität für das neue Phänomen Friluftsliv kennzeichnend. Parallel dazu entwickelte sich auch das Tourenleben im Wald, an Gewässern und an den Küsten. Es etablierte sich ein Klettermilieu, in dem auch damals schon einzelne Frauen aktiv waren.

Im Winter wurden Aktivitäten wie Rodeln, Eisschnelllauf auf zugefrorenen Seen und Skiwandern betrieben, was in den Jahren 1860 bis 1880 stark zunahm. In den Sommermonaten nahmen Rudern und Segeln an Popularität zu, außerdem wurden Touren mit Übernachtungen im Zelt zur Gewohnheit (vgl. Mytting/Bischoff 2003, S. 22).

---

7 Dieser Verein wird in den weiteren Kapiteln mit DNT abgekürzt.

Wie beschrieben war es zunächst nur die höhere Bevölkerungsschicht, die an dieser Friluftsliv-Bewegung teilnahm. Nach und nach breitete sich dieses Interesse für das Tourengehen und Aktivitäten in der Natur jedoch auch auf die gesamte Bevölkerung aus (s. 1.3). „Es dauerte nicht viele Jahre, bis die Berge als voll empfunden wurden" (Lyngø/Schiøtz 1993, S. 23).

Über Vereine wie dem DNT wurden Hütten in den Bergen gebaut. Allein um die Stadt Bergen herum entstanden in der Zeit von 1868 bis 1914 76 Hütten in den zuvor leeren Bergen (vgl. Mytting/Bischoff 2003, S. 23).
Die Touristen, die die norwegische Natur bereisten, waren vermutlich in der überwiegenden Zahl durch das Gedankengut der Romantik geprägt. In der Epoche der Romantik wurde die Natur poetisiert und als etwas Besonderes, Schönes und Lebendiges angesehen. Die unberührte Natur stellte einen Mittelpunkt darin dar.

Der Gedanke der Romantik breitete sich bereits ab Mitte des 18. Jahrhunderts in Europa aus. Diese Literaturepoche spielte Mitte des 19. Jahrhundert für die Entwicklung des norwegischen Friluftsliv eine große Rolle. Die Romantik hatte Einfluss auf norwegische Dichter, Maler und Wissenschaftler. Die Künstler der Romantik begannen das Verhältnis zur Natur zu erkennen und dies in ihren Bildern und Gedichten zum Ausdruck zu bringen. Viele waren der Meinung, dass es die wilde, unberührte Natur sei, die die Bindung zwischen Mensch und Natur stärkt (vgl. Mytting/Bischoff 2003, S. 26).
Die Norweger Henrik Ibsen und Edvard Grieg, die als Dichter, Maler und Komponisten weltbekannt wurden, haben sich die Impulse für ihre bekanntesten Werke aus der Natur geholt.
Das Sognfjell hat auf Henrik Ibsen (1828–1906) einen starken Eindruck hinterlassen, als er dieses 1862 durchquerte. Das spiegelt sich beispielsweise in seinen bekanntesten Werken 'Brandt' und 'Peer Gynt' wieder (vgl. Kirkemo 2005, S. 17).

1.3 Friluftsliv in der Übergangszeit zum 20. Jahrhundert

Die Industrialisierung spielte bei der Verbreitung des Friluftsliv in der Übergangszeit vom 19. in das 20. Jahrhundert eine wichtige Rolle. Viele Menschen zogen vom Land in die Städte, um nun an Maschinen zu arbeiten. Das zuvor enge Verhältnis der Landbevölkerung zur Natur schwand größtenteils. Die Natur wurde nun als Ressource für die Industrie genutzt. Friluftsliv wurde zu einem wichtigen Kontrast zum Leben in den Städten und wurde als Ausgleich an den Wochenenden genutzt.

Viele hatten die Vorstellung, dass die Natur zu einer inneren Stärke führt (vgl. Mytting/Bischoff 2003, S. 26). Als weiteren Grund, weswegen Friluftsliv betrieben wurde, wurde in den 20er Jahren des 20. Jahrhunderts die Freude, in der Natur unterwegs zu sein, genannt. Zudem war den Menschen bewusst, dass die Bewegung an der frischen Luft als gesund galt (vgl. Møinichen o.J. [1921], S. 21).

Friluftsliv wurde zu einer Umgangsform, die zusammen mit Kameraden ausgeübt wurde und so zur sozialen Stärkung der Arbeiterklasse beitrug. Durch den Aufenthalt in der Natur entstand ein Gefühl der Freiheit und Unabhängigkeit (vgl. Tordsson 2003, S. 146).

Friluftsliv wurde in dieser Zeit generell von vielen Menschen eher unreflektiert betrieben. Man macht sich keine großen Gedanken darüber, was Friluftsliv eigentlich sei und wozu es führen könnte. Man lebte ein anstrengendes Leben, und die Arbeiterklasse hatte vermutlich weder Zeit noch Muße, tiefsinnigen Betrachtungen nachzuhängen. Den Arbeitsalltag, Alltagssorgen und die knappe Freizeit, die einen immer höheren Stellenwert bekam, galt es zu vereinbaren.

Arbeiter erkämpften sich zu dieser Zeit eine geregelte Arbeitszeit, die im Jahr 1920 48 Stunden in der Woche betrug, den Sonntag als arbeitsfreien Tag, und einen Urlaubsanspruch. Sonntagstouren konnten sich dadurch zu einer norwegischen Tradition entwickeln. Mit Kaffeegeschirr und Angeln oder nur mit dem Rucksack zogen die Menschen an Sonntagen in die Wälder (vgl. Mytting/Bischoff 2003, S. 23f).
Für die Entwicklung des Friluftsliv waren die erkämpften Arbeiterrechte mit entscheidend, da sich dadurch Freizeit und ein entsprechendes Freizeitinteresse entwickeln konnten.

Der norwegische Philosoph, Rechtsanwalt, Bergsteiger und Friluftsmann Peter Wessel Zapffe (1899–1990) hat während seines gesamten Lebens über die einzigartigen Zusammenhänge von Friluftsliv, Norwegen und seiner Einwohner philosophiert und publiziert. Im Nachwort zu einer Essaysammlung von Zapffe schreibt Sigmund Kvaløy, dass das Leben in der modernen, kommerziellen Gesellschaft für Zapffe eine fieberartige Flucht vor Überzeugungen und Zielen darstellte. Der Kontrast zwischen dieser ständig wachsenden „Flucht" und den speziellen norwegischen Erfahrungen, wo Fragen nach Werten in Abhängigkeit von einer weiten und wilden Natur beantwortet werden mussten, führte bei Zapffe zu einem speziell norwegisch geprägten Existenzialismus mit einer ökophilosophischen Komponente, die dem europäischen Existenzialismus ansonsten fehlte. Ein breitgefächertes Interesse für den Zustand der Welt außerhalb Norwegens inspirierte Zapffe. Dazu kam eine Inspiration durch Europas „Aufstand gegen sich selbst" in

Form des Versuches der deutschen Spätromantik, die Menschen wieder „ganz“ zu machen im Gegensatz zur damals vorherrschenden Tendenz – dem technologisch manipulierenden Optimismus der Aufklärungsphilosophie. Diese Gedanken und Schlussfolgerungen machten Zapffe bereits in jungen Jahren zu einem ökophilosophischen Pionier in Norwegen (vgl. Zapffe 1992, S. 273 f).

1.4 Fridtjof Nansen (1861 – 1930)

Fridtjof Nansen wurde als Polarforscher, Entdeckungsreisender und Wissenschaftler weltbekannt. Er setzte sich hohe Ziele und durchquerte beispielsweise 1888 Grönland auf Schneeschuhen.
Er wurde durch seine 3-jährig Polarexpedition auf der „Fram“ zu Norwegens unumstrittenen Nationalhelden und nach dem 1. Weltkrieg wurde er zu Europas „Gewissen“, weil er sich zu dieser Zeit um Kriegsgefangene und deren Heimkehr kümmerte. Dafür erhielt er 1922 den Friedens-Nobelpreis (vgl. Sørensen 1993, S. 153).

Im Jahr 1905 standen die Landesteile Schweden und Norwegen[8] kurz vor einem Krieg, nachdem sich ein Streit um die Führung eines norwegischen Konsulats entfacht hatte. Nansen wurde zum diplomatischen Repräsentanten Norwegens, der sich in einer kritischen Situation für die norwegischen Interessen einsetzte und an dessen Ende die Unabhängigkeit von der schwedischen Krone stand (vgl. Sørensen 1993, S. 81).
1917 reiste Nansen in die USA, um die Folgen einer Hungersnot in Norwegen zu mildern. Er organisierte den Transport von 86.000 Tonnen Korn nach Norwegen (vgl. Sponsel 1952, S. 5 f).
Daneben war dieser populäre Mann eine der zentralen Personen, was die Verbreitung der Gedanken um das Friluftsliv betraf. Nansen galt als ein philosophischer Abenteurer, der eine offene und neugierige Haltung zur Natur repräsentierte. Damit nahm er großen Einfluss auf die mit Friluftsliv zusammenhängenden Ideale und Werte.
Nansen selbst unternahm immer wieder Touren in die norwegischen Berge.
„ … dort suchte er häufig Erfrischung und neue Kraft, wenn seine wissenschaftlichen Arbeiten ihn bis zur äußersten Grenze seiner Leistungsfähigkeit beansprucht hatten. Dort fanden seine Augen Ruhe, seine Seele einen Ausgleich und er kehrte von einem solchen Aufenthalt immer wieder mit neuem Schwung zu seiner Arbeit zurück“ (Nockher 1955, S. 207).

8 Norwegen stand damals unter der Krone Schwedens.

Er nutzte für sich selbst das Friluftsliv, um Kraft für Körper und Seele zu schöpfen. Nansen betonte, dass Friluftsliv mehr sei als nur der Aufenthalt in der Natur. Er maß Friluftsliv eine viel größere Bedeutung bei, als viele seiner Zeitgenossen. „Nansen machte mehr als jede andere Einzelperson Skilaufen zum Volkssport in Norwegen. ... Durch ihn wurden Skilaufen und Friluftsliv für immer mit der norwegischen Identität verknüpft“ (Sørensen 1993, S. 152 f).
Friluftsliv sollte für einen Ausgleich zur Arbeit und dem Stadtleben sorgen. Nansen war der Ansicht, dass die Städte Gesellschaftsmenschen formten, bei denen Persönlichkeit und Charakter verloren gingen. Er begründete dies damit, dass die Menschen in den Städten nicht die Gelegenheit bekämen, eine Stunde am Tag zum Nachdenken allein zu sein, um sich selbst zu finden. Er sah weiterhin eine Gefahr und ein Hindernis für die Persönlichkeitsentwicklung darin, dass mehr und mehr der Zeit nachgejagt werde (vgl. Nansen 1995, S. 146).
Die Menschen sollten daher Ausgleich und neue Eindrücke in der Natur suchen. Nansen war fest der Meinung, dass die Natur einen Menschen formt. Friluftsliv sollte ein Weg sein, der den Körper stärken sollte. Das ungesunde Stadtleben sollte durch ein harmonisches und gesundes Lebensmuster ersetzt werden. Physische Aktivität und ein gesunder Körper waren für ihn eng miteinander verbunden. Das zu dieser Zeit durch die Arbeitssituation einer einseitig belastenden Arbeit bedingte Ungleichgewicht sollte mit Hilfe von Friluftsliv wieder in ein richtiges Verhältnis gerückt werden (vgl. Matre 2000, S. 103).
Nansen beschloss 1926 einen Vortrag an der St. Andrews-Universität in Schottland zum Thema Abenteuerlust mit den vielleicht am gründlichsten zusammengefassten Worten über seine Lebensanschauung: „Der Ruf der Wildnis liegt allen unseren Handlungen zu Grunde, und er macht unser Leben tiefer und reiner und edler“ (Sørensen 1993, S. 153).
Nansen bemerkte, dass die Entwicklung der Gesellschaft insbesondere die Jugend mehr und mehr daran hinderte, sich zu entfalten und eine eigene Persönlichkeit zu entwickeln.
Was die Entwicklung zu Persönlichkeiten jedoch fördern und die Jugend auf die Aufgaben, die in der Zukunft auf sie warten, vorbereiten könnte, das war für ihn Friluftsliv.

Er beschreibt zwei verschiedene Wege, wie sich Menschen durch die Natur entwickeln können:
Zum einen wird diese Entwicklung durch das Wirken von Naturkräften hervorgerufen, einem Kampf gegen die Natur, wo das Handeln zu direkten Konsequenzen führt. Auf der anderen Seite sieht er die Natur als etwas an, in der Stille, Einsamkeit und Schönheit mit ihrer Einzigartigkeit entdeckt und erlebt werden können.

Das Antreffen von Naturkräften und die dadurch entwickelten Qualitäten sollten nur eine bestimmte Zeit wahren, wohingegen der tiefere Kontakt mit der Natur länger andauernde Qualitäten entwickeln sollte (vgl. Bischoff 1996, S. 65).

1.5 Friluftsliv zwischen den Weltkriegen

Zwischen den beiden Weltkriegen wurde Friluftsliv in Norwegen als ein grundlegendes soziales Recht angesehen. Speziell für die ärmeren Bevölkerungsschichten bedeutete es viel, dem Stadtleben entfliehen zu können. Die Stadt war für diese Bevölkerungsschicht mit negativen sozialen Vorraussetzungen verbunden. Das Leben in der Stadt wurde als krankmachend, unterdrückend und entwicklungshemmend für die Kinder angesehen. Friluftsliv und die am Wochenende stattfindende Flucht von der Stadt auf das Land verband man deshalb mit der Möglichkeit, diesem sozialen und ungesunden Milieu zu entkommen und seinen Horizont zu erweitern. Die Natur sollte zur Vernunft und Ordnung erziehen, es sollten darüber hinaus Regeln des Lebens erlernt werden und ein Freiheitsgefühl erlangt werden. In der Natur konnte man das Leben selbst in die Hand nehmen und es nach eigenen Wünschen gestalten, sowie seine persönliche und soziale Entwicklung fördern und realisieren (vgl. Tordsson 2003, S. 161–167).

1.6 Jedermannsrecht

Friluftsliv hat sich nicht nur in den Köpfen der Menschen festgesetzt, sondern es wurde 1957 auch gesetzlich im „Friluftsloven“[9] verankert.
Dieses Gesetz regelt den Zugang zu genutzter, ungenutzter und freier Natur, sowie die Rechte und Pflichten der Grundbesitzer und Tourengeher. Das Jedermannsrecht gibt grundsätzlich Jedem das Recht, die Natur zu nutzen; mit Einschränkungen auf Privatgrundstücken.
Das Gesetz sieht weiterhin Einschränkungen vor, die sich aus der Rücksichtnahme gegenüber Mitmenschen und Natur ergeben sollten:
Der §9 des Friluftsloven (vgl. 1991, S. 11) legt den Mindestabstand zwischen Lagerplatz und der nächsten Bebauung auf 150 m fest, gibt Verbote für Lagerplätze beispielsweise in jungen Wäldern, beschränkt die Dauer der Anwesenheit auf zwei Übernachtungen an einem Lagerplatz, betont die Verpflichtung, einen Lagerplatz sauber zu hinterlassen und weist auf das Zelten auf eigene Gefahr hin. Der Gesetzgeber behält sich das Recht vor, bestimmte Gebiete während der Jagdsaison zu sperren.

9 Deutsche Übersetzung: Freiluftgesetz

In Schweden wurde das Jedermannsrecht 1974 ebenso gesetzlich verankert und 1994 als Grundrecht in die Verfassung aufgenommen (vgl. Sandell/Sörlin 2000, S. 277 f).

1.7 Von der Freizeitaktivität an die Hochschule

Friluftsliv wurde bis in die 70er Jahre des 20. Jahrhunderts unorganisiert betrieben. „Es war in der Hauptsache unorganisiert und ohne Kurse, Anlernen oder eine formelle Ausbildung" (Mytting/Bischoff 2003, S. 33). Man wuchs in das Friluftsliv hinein, bekam Lust daran oder wurde von Freunden mit zu Sonntagsausflügen in die Natur genommen. Für die Kinder wurde die Natur das ganze Jahr über in der Freizeit zum Treffpunkt für Spiel, Sport und für Friluftsliv.
„Oft wurde der Schulweg zu Fuß, mit Skiern oder dem Fahrrad zurück gelegt und in den Pausen wurden im Winter die Schlitten, Skier und Schlittschuhe rausgeholt. Die Fähigkeit, sich richtig zu kleiden und Aktivitäten in der Gemeinschaft zu unternehmen entwickelte sich allmählich, ohne dass es klar war, dass sie etwas 'lernten'. ... Friluftsliv ... wurde 1974 im Lehrplan für Grundschulen [10] aufgenommen" (Mytting/Bischoff 2003, S. 33).

Mit steigendem Interesse an Friluftsliv wuchs die Nachfrage an einer formellen Ausbildung in diesem Bereich.
1967 eröffnete Nils Faarlund „Norwegens Hochgebirgsschule" im Hemsedal. Interessierte Lehrer, Dozenten, Studenten und Tourenführer begannen damit, sich dort ausbilden zu lassen (näheres dazu s. 2.4.1).
Ab dem Herbstsemester 1972 wurde Friluftsliv erstmalig als Hauptfach im Sportstudium angeboten (vgl. Faarlund 2007a, S. 16). Zuvor hatte es kontroverse Debatten gegeben, ob man Friluftsliv dem Sportstudium oder den Naturwissenschaften zuordnen sollte. Ein Argument von Nils Faarlund war damals, dass Sportaktivitäten die Natur zerstörten (alpine Skianlagen) und deshalb Friluftsliv den Naturwissenschaften zugeordnet werden sollte.
Heute gibt es einen eigenständigen Studiengang Friluftsliv mit dem Bestandteil Friluftsliv-Pädagogik, der an zahlreichen Fachhochschulen sowohl als Bachelor – als auch als Masterstudiengang angeboten wird.

10 Die Grundschule umfasst in Norwegen die 1. bis 10. Klasse.

2. Was ist Friluftsliv heute?

1993 wurde in Norwegen „Das Jahr des Friluftsliv" gefeiert. Damals ergaben Umfragen, dass 87 % der erwachsenen norwegischen Bevölkerung Friluftsliv betreiben (vgl. Faarlund 2007a, S. 13). Offizielle Zahlen aus dem Jahr 2001 bestätigten diese Umfragewerte nahezu. Danach betreiben 90 % der norwegischen Bevölkerung mehr als einmal im Jahr Friluftsliv (vgl. Miljøverndepartement 2001, S. 38). Die Frage stellt sich, was heute überhaupt als Friluftsliv bezeichnet wird. Es liegt auf der Hand, dass nicht 90 % der Norweger mit Zelt und Schlafsack auf Übernachtungstouren gehen, Klettertouren unternehmen oder sich am Wochenende eine Schneehöhle bauen.
Friluftsliv wird mit unterschiedlichen Intentionen betrieben und verstanden. Unter dem Begriff Friluftsliv findet sich ein breites Spektrum von verschiedenen Aktivitäten, Ideen und Inhalten in verschiedenen Bereichen, in denen es betrieben wird oder methodisch zur Anwendung kommt. Im Folgenden wird auf die Vielfältigkeit des Friluftsliv in der heutigen Zeit eingegangen und festgelegt, auf welche Bereiche des Friluftslivs sich die weiteren Kapitel beziehen.

2.1 Definition des Begriffs Friluftsliv

Die offizielle, vom Umweltschutzministerium aufgestellte Definition des Begriffes Friluftsliv lautet: „Friluftsliv ist der Aufenthalt und die körperliche Aktivität in der freien Natur in der Freizeit, wobei ein Hauptmerkmal auf Umweltveränderungen und dem Erlebnis in der Natur liegt" (vgl. Miljøverndepartement 2001, S. 11). Kritisch an dieser Definition ist, dass danach Friluftsliv nur in der Freizeit ausgeübt wird. Friluftsliv wird jedoch in zunehmendem Maße als Arbeitsform und Methode an Schulen, Hochschulen, zur Integration und Resozialisierung von Jugendlichen und in der Weiterbildung eingesetzt. „Friluftsliv ist heute Ausbildungsbestandteil an allen Schulformen Norwegens" (Westersjø 2007, S. 42). So gehen Lehrer beispielsweise mit ihren Schülern auf mehrtätige Exkursionen, um Schneehöhlen zu bauen (s. 2.5.3).

Für Nils Faarlund (2007, S. 23), auf den in 2.4.1 näher eingegangen wird, ist das norwegische Friluftsliv eine Tradition, die ihre Wurzeln in der Romantik hat: „Friluftsliv ist ein Kind der europäischen Romantik – die Wertorientierung ist entsprechend dieser Epoche als 'Naturwert' und 'Menschenwert' bestimmt."

Faarlund äußert sich kritisch zu neuen Aktivitätsformen, die seiner Meinung nach nicht zum Friluftsliv zählen (vgl. 1994, S. 25). Diese Aktivitäten (Fallschirm springen, Wildwasser-Rafting, Snowboarding), vielfach als Fun-Sportarten bezeichnet, haben einen hohen Spannungscharakter. Dabei steht nicht das Erlebnis in der Natur, sondern „Action" im Vordergrund, bzw. es handelt sich wie beim Snowboarding um leistungsorientierte Aktivitäten, die lediglich in der Natur stattfinden. Diese Aktivitäten werden als spannungsgeladenes Friluftsliv bezeichnet.

Faarlund (1994, S. 24) sieht Friluftsliv sehr viel traditioneller als Mitarbeiter des norwegische Umweltschutzministeriums, in deren Definition das Wort Tradition gar nicht auftaucht:
„Anstatt ... feste Regeln aufzustellen, was es [das Friluftsliv; S. B.] beinhaltet, können wir sagen, dass die Ausübenden Respekt für natürliche Prozesse zeigen und für die Gegenwart allen Lebens. Es findet statt in (relativ) freier Natur, ohne technische (motorisierte) Transportmittel. Friluftsliv ist präsent als eine Summe an Herausforderungen, und ist eine Möglichkeit des emotionalen, physischen und intellektuellen Engagements. Besonderheit und Intensität (Qualität) der Friluftsliv-Erfahrung ist eine freie Entscheidung des Ausübenden, bezogen auf seine (ihre) eigenen Fähigkeiten."

Es gibt Vereine, Pfadfinderverbände, Hochschulen oder Privatpersonen, die noch weitere Definitionen für Friluftsliv veröffentlicht haben. Es liegt daher auf der Hand, dass es innerhalb des Friluftsliv unterschiedliche Strömungen gibt. Einerseits wird von einem traditionellen Friluftsliv gesprochen; zum Anderen von einem Aktivitäts-Friluftsliv.
Auf das Aktivitäts-Friluftsliv wird in 2.2 eingegangen. Das spannungsgeladene Friluftsliv, zu dem Aktivitäten wie Drachen fliegen, Canyoning, Rafting und Base-Jumping gezählt werden, bleibt unberücksichtigt.
Grundsätzlich bildet zu den weiteren Ausführungen das traditionelle Friluftsliv die Grundlage.

2.2 Aktivitäts-Friluftsliv

Dem Ergebnis einer staatlichen Statistik, wonach 90 % der norwegischen Bevölkerung Friluftsliv betreiben, wird an dieser Stelle nachgegangen. Auch andere Statistiken nennen ähnlich hohe Zahlen. „Der Durchschnittsnorweger betreibt Friluftsliv in der einen oder anderen Form im Durchschnitt 68 Mal im Jahr" (Mytting/Bischoff 2003, S. 36).
Diesem Ergebnis liegt eine Umfrage über Friluftsliv in Norwegen aus dem Jahr 1994 zu Grunde, bei der 27 verschiedene Aktivitäten aufgeführt wurden (Mytting/Bischoff 2003, S. 36):

Aktivität	**Angaben in %**
Touren in Wald und Wiese (unter 10 km)	79 %
Sonnen, Sonnenbad nehmen	77 %
Draußen baden	69 %
Fahrrad fahren auf Wegen und Straßen	60 %
Mit dem Motorboot fahren	59 %
In öffentlichen Parkanlagen spazieren gehen	51 %
Angeln im Meer	45 %
Touren zum Beerenpflücken, Pilze sammeln	45 %
Wanderungen (über 10 km)	42 %
Skitouren unter 10 km	42 %
Lauf- und Joggingtouren in der Natur	33 %
Angeln in Süßgewässern (Seen)	27 %
Fahrradtouren in Wald und Wiese	27 %
Skitouren (länger als 10 km)	24 %
Alpinski	21 %
Angeln in Süßgewässern (Flüsse)	20 %
Segeln	11 %
Schlittschuh laufen	10 %
Naturstudium [Sich in der Natur beschäftigen; S. B.]	9 %
Kajak oder Kanu paddeln	9 %
Kleinwildjagd	6 %
Surfen	5 %
Reiten	4 %
Orientierungslauf	4 %
Großwildjagd	3 %
Tauchen	2 %
Klettern	1 %

Beim Betrachten der Tabelle fällt anfangs eine Aktivitätenvielfalt auf; und der Gedankengang liegt nahe, dass eben sehr viele Norweger draußen aktiv sind. Stellt man allerdings dieselbe Tabelle graphisch dar (s. S. 22), fällt sofort auf, dass die 6 Aktivitäten, welche die Norweger zu mehr als 50 % ausüben, mit Friluftsliv im traditionellen Sinne (s. 2.3), kaum etwas gemein haben. Spazieren gehen im Park, Motorboot fahren, Freizeitaktivitäten wie Fahrradfahren, Baden, Sonnenbaden und ausgedehnte Waldspaziergänge sind Aktivitäten, denen auch viele Deutsche regelmäßig nachgehen.

Diese sechs von über 50 % der Bevölkerung ausgeübten Formen des Friluftsliv bezeichnet Lagerstrøm (vgl. 2007, S. 125 f) als eine natur- und gesundheitsbezogene, 'moderne Form' für ein relativ unspezifisches Friluftsliv. Er betrachtet diese Formen als eher eindimensional und nicht wie im traditionellen Friluftsliv als Kulturphänomen. Er benennt jedoch den in unserer von körperlicher Inaktivität geprägten Zeit unschätzbaren Wert dieser Aktivitäten für die Gesundheit und das persönliche Wohlbefinden.

Angeln im Meer und ausgedehnte Touren zum Beeren pflücken und Pilze sammeln gehen eher in die Richtung Friluftsliv. Skitouren mit einer Länge von mehr als 10 km können unter bestimmten Voraussetzungen dem traditionellen Friluftsliv zugerechnet werden. Die Statistik macht jedoch keine Aussage darüber, ob die ihr zu Grunde liegenden Skitouren auf präparierten Langlauf-Loipen, präparierten Loipen in den Bergen oder in der freien Natur durchgeführt wurden.

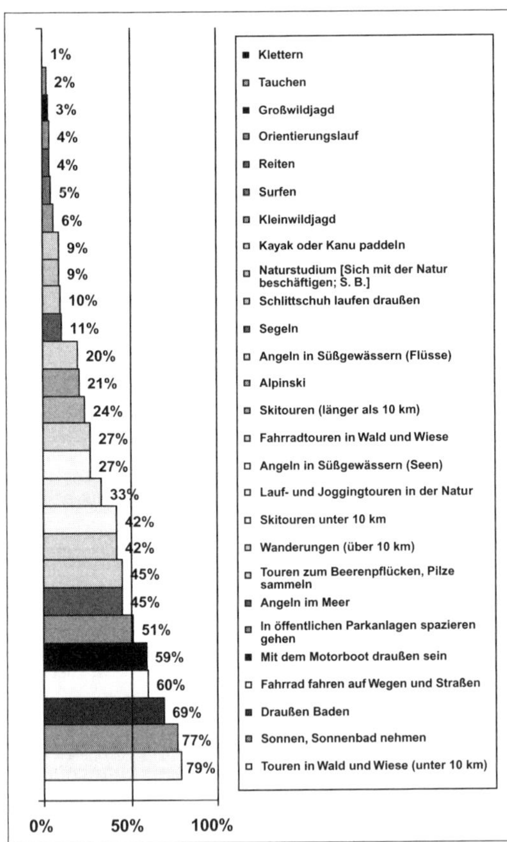

Abb. 1: Graphische Darstellung Friluftslivaktivitäten

Dass die norwegische Regierung auf einen statistischen Wert von 90 % Friluftsliv-Akteuren in der Bevölkerung kommt, sollte im Zusammenhang mit den Zielen der norwegischen Friluftslivpolitik betrachtet werden. Es geht beispielsweise um den politischen Willen, ein Kulturerbe zu erhalten, das Umweltbewusstsein der Menschen zu stärken und die Gesundheit der Bevölkerung durch sportliche Aktivitäten an der frischen Luft zu fördern (s. auch 3.6.4).
Die Politiker versprechen sich Erfolge durch Friluftslivausübung. Einige Vorteile, die Friluftsliv mit sich bringen kann, wurden auf politischer Ebene genutzt. Umweltbewusstsein und Verantwortungsgefühl für den Erhalt der Natur wird theoretisch dadurch gestärkt, dass Kinder und Erwachsene durch den Aufenthalt in der Natur mit Erlebnissen konfrontiert werden, durch die ein Lernmoment entsteht. Dieses Lernen kann dazu führen, die Natur und das Zusammenspiel mit ihr besser zu verstehen (vgl. Miljøverndepartement 2001, S. 19).

Die Statistik wirft mehr Fragen auf, als sie aussagekräftige Antworten geben würde. Es kann jedoch festgestellt werden, dass die Statistik alle Friluftslivakteure berücksichtigt; jene im Bereich des Aktivitäts-Friluftsliv, als auch die Ausübenden aus dem Bereich des traditionellen Friluftsliv. In Vereinen wie dem DNT wird davon ausgegangen, dass etwa 3–5 % der Norweger ein Friluftsliv im traditionellen Sinne betreiben.
Weiter kann der Schluss gezogen werden, dass es sich bei Friluftsliv um eine wertvolle und wichtige Betätigung sowie wertvolles Gedankengut handelt, wenn 87 % der erwachsenen Bevölkerung angeben, dass für sie Friluftsliv wichtig sei (vgl. Faarlund 2007b, S. 77).

2.3 Traditionelles Friluftsliv

„Verschiedene Gruppierungen im Norden wollten dessen [des traditionellen Friluftsliv; S.B.] ursprüngliche Bedeutung hervorheben und prägten Begriffe wie enkelt friluftsliv (einfaches Leben im Freien), naturligt friluftsliv (natürliches Leben im Freien) und vägledning [11] (Wegleitung)“ (Skipper 1999, S. 78).
Diese Formen des Friluftsliv sind in der Ausübung traditionell geprägt und beinhalten folgende Elemente:

1. Natur
2. Aktivität und
3. Erlebnis stehen sich dabei gleichberechtigt gegenüber.

11 Auf das Vegledning (Schwedisch: Vägledning) wird u.a. in 3.5.1 eingegangen.

1. Beim traditionellen Friluftsliv kommt es auf ein positives Verhältnis und die Nähe zur Natur an.
   „Es ist klar, dass motorisierte Aktivitäten wie Motorkross nicht zum Friluftsliv gezählt werden können. Der Mensch selbst, Wind, Strömung oder Böen müssen die 'Treibkraft' sein. Wettkämpfe fallen genauso aus dem Friluftsliv heraus. Auf Skiern Touren gehen, das ist Friluftsliv. Eine WM auf Skiern ist hingegen kein Friluftsliv" (Breivik 2000, S. 113).
   Die Natur darf für die eigenen Zwecke nicht beschädigt oder ausgenutzt werden. Negative Beispiele sind, beispielsweise einen Baum zu fällen, um sich eine provisorische Brücke über einen Fluss zu bauen oder Feuerstellen und Restmüll an einem Lagerplatz zu hinterlassen.

2. Es gibt ein breites Spektrum an Friluftsliv-Aktivitäten im traditionellen Sinn. Dazu gehören:
   - Segeln, Rudern oder Paddeln an der Küste, auf Fjorden oder sonstigen Gewässern mit nicht motorisierten Fahrzeugen als Fortbewegungsmittel. Dabei können Aktivitäten wie Angeln oder Netzfischen ausgeübt werden.
   - Ski-, Schneeschuh- oder Hundeschlittentouren im Winter in den Bergen, über Gletscher oder auf Hochebenen. Hinzu können Aktivitäten wie der Bau von Schneehöhlen oder Iglus (s. 3.4.2) kommen.
   - Wanderungen und Bergtouren zu Fuß und mit Rucksack im Sommer.
   - Klettertouren entweder in Verbindung mit Bergtouren im steilen Gelände oder unternommen als reine Klettertouren.
   - Gletscherwanderungen.

   Friluftsliv-Aktivitäten im traditionellen Sinne orientieren sich an folgenden Kriterien:
   - Friluftsliv findet im Freien in natürlicher Umgebung statt.
   - Friluftsliv wird nicht motorisiert (Schnee-Skooter, Motorboot, ...) betrieben.
   - Friluftsliv ist kein Wettkampf. Ein Konkurrenzdenken, wer beispielsweise die schwerste Route klettert oder den größten Elch schießt, findet nicht statt
   - Friluftsliv fordert den Menschen nicht nur körperlich, sondern auch dessen Intellekt.
   - Friluftsliv wird mit relativ einfachen Mitteln (Kleidung, Ausrüstung, ...) betrieben (vgl. Liedtke/Lagerstrøm 2004, S. 248).

3. Das Erlebnis ist neben der körperlichen Aktivität die Hauptmotivation des Einzelnen oder der Gruppe, um Friluftsliv zu betreiben. Fridtjof Nansen und viele andere holten und holen sich durch ihre Touren in der Natur die psychische und physische Kraft für das Arbeitsleben und die Alltagsbewältigung. Auf das Erlebnis im Friluftsliv wird in 4.4 eingegangen.

   Notwendiges Wissen, wie die Kenntnis und das richtige Anwenden von einigen Knoten, der richtige Gebrauch von Karte und Kompass, die Wahl des Lagerplatzes, Feuer machen auch unter widrigen Umständen und im Schnee, sowie Kenntnisse in Erster Hilfe sind für ein aktives, traditionelles Friluftsliv erforderlich. Aus diesem Grund werden die drei Punkte Natur, Aktivität und Erlebnis an dieser Stelle um den Begriff des Wissens, präziser ausgedrückt der Wissensvermittlung, erweitert.

   In Gruppen müssen Wissen und Kenntnisse über das Friluftsliv nicht von vornherein vorhanden sein, denn diese Fähigkeiten können unterwegs an praktischen Beispielen vermittelt werden. Zentrale Aspekte bei einem Friluftsliv in der Gruppe sind die Zusammenarbeit, das Verteilen von Aufgaben und Verantwortung sowie die Nivellierung des Kenntnis- und Fertigkeitsstandes der ganzen Gruppe.
   Bei Einzeltouren muss das Wissen entsprechend der Tour vorhanden sein, um nicht in Gefahr zu geraten, bzw. um die vorhandenen Risiken bestmöglich zu minimieren:
   - Ohne Kenntnisse über Orientierungskunde sollte niemand auf eine Bergtour gehen.
   - Mit mangelndem Wissen über Lawinengefahren sollte niemand auf eine Wintertour in die Berge gehen.
   - Ohne Kenntnisse über Strömungen, Gezeiten und Selbstrettung sollte niemand eine Kajaktour auf einem Fjord unternehmen.

   Verschiedene Persönlichkeiten gelten als Wegbereiter des traditionellen Friluftsliv und formen es teilweise noch in der heutigen Zeit.

2.4 Charaktere im Bereich Friluftsliv

Namen wie Fridtjof Nansen und Roald Amundsen standen am Anfang für das beschriebene traditionelle Friluftsliv. Ein weiterer Pionier war Frederik Arentz (1844–1914), der am Ende des 19. Jahrhunderts mit einer spärlichen Ausrüstung Touren unternahm, die heute noch die Sportlichsten vor eine harte Probe stellen würden (vgl. Helberg 2004, S. 5).

Erwähnenswert ist weiterhin Claus Helberg (1919–2003) als Legende im DNT, für den er seit 1938 mit einer kriegsbedingten Unterbrechung als fester Mitarbeiter arbeitete. Helberg war Bergführer und veröffentlichte eine Vielzahl an Publikationen über Friluftsliv. Er repräsentierte den DNT gegenüber dem staatlichen Friluftslivrat und anderen Organisationen und hielt Vorträge. In Norwegen ist er auch als eine zentrale Person im Widerstand gegen die Deutsche Besetzung Norwegens während des 2. Weltkrieges bekannt. Er war an der Sprengung eines Chemiewerkes im Februar 1943 beteiligt. „Die Deutschen stellten im Chemiewerk von Norsk Hydro im 2. Weltkrieg schweres Wasser (Deuterium) für eine geplante Atombombe her. 1943 wurde die Anlage von neun norwegischen Saboteuren gesprengt“ (Dittmann 2009).

Einen großen Einfluss auf das norwegische Friluftsliv hatte u.a. Henry David Thoreau. Auf nationaler Ebene stand und steht seit Ende der 60er Jahre Nils Faarlund als eine zentrale Kraft für das traditionelle Friluftsliv (vgl. Repp 1996, S. 34).
Auf Nils Faarlund als zentrale Figur im Friluftsliv, Lars Monsen als Praktiker und Arne Næss, der für den Gedanken des Friluftsliv als Lebensphilosophie steht, wird im Folgenden näher eingegangen.

2.4.1 Nils Faarlund

Nils Faarlund (1937 geboren), hat als Diplom-Ingenieur bis 1966 fünf Jahre lang als Forscher auf dem Gebiet der Biochemie und der Mikrobiologie gearbeitet. Auf Bergwanderungen registrierte er die Folgen des Fortschritts, wie zum Beispiel die Zerstörung der Natur durch Wasserkraftausbau.
„Aus dieser Beobachtung und einer Verzweiflung über die maßlose Zerstörung von norwegischen Flusslandschaften … entsprang die Idee, Bergsteiger zu ‘bilden’ (ausbilden ist etwas anderes als bilden!) und damit Freunde der Natur zu gewinnen“ (Faarlund 2007a, S. 15).

Daraufhin gründete Nils Faarlund 1967 „Norges Høgfjellskole”, die seitdem Kurse für Bergsteiger und Gletscherwanderer anbietet.
Unterstützt wurde er von den bekannten Philosophen Arne Næss und Sigmund Kvaløy (vgl. Repp 1996, 34). Die Gründung der „Norges Høgfjellskole” [12] fand auch vor dem Hintergrund des „Unfall-Ostern“ von 1967 statt. Damals kamen 16 nordische Tourenläufer in stürmischen Verhältnissen in den südnorwegischen Bergen ums Leben. Der Ruf nach Verhaltensregeln in den Bergen und einer Ausbildung wurde in direkter Folge zu diesem Unglück größer (vgl. Faarlund 2007b, S. 76 f).

12 Deutsche Übersetzung: Norwegens Hochgebirgsschule

Die Bergrettung, das Militär und vor allen Dingen das Schulwesen nutzten Faarlunds „Norges Høgfjellskole" für ihre Ausbildung.

Die 1968 in Oslo gegründete Sporthochschule etablierte Friluftsliv als Bestandteil in der Lehrerausbildung, so dass fortan Kurse über das nordische Tourenlaufen, Wandern, Bergsteigen, Klettern und Gletscherwandern angeboten wurden. Später kamen Kurse im Kanu-, Kajak- und Traditionsbootfahren hinzu (vgl. Faarlund 2007a, S. 15 f).
Noch heute leitet der inzwischen 72-jährige Nils Faarlund diese „Høgfjellskole" und vertritt zusätzlich Norwegen im Internationalen Bergführerverband.
International bekannt wurde er durch eine spezielle Art Schneedeckenuntersuchung, die bei der Wegwahl in lawinenträchtigen Gebieten angewendet wird (vgl. Larcher 2000, S. 9).

Seine bekannteste und noch heute viel zitierte Veröffentlichung ist zweifellos „HVA – HVORFOR – HVORDAN"[13] aus dem Jahr 1973. In dieser und in anderen Publikationen geht er auf das traditionelle Friluftsliv ein und beschäftigt sich mit pädagogischen Aspekten wie Methoden (s. 3.7), Arbeitsformen von Gruppen und der Leitung im Friluftsliv (s. 3.5.1).
Die traditionelle Ausübung des Friluftsliv ist nach Faarlund (1994, S. 25) ein wichtiger Aspekt, den es zu erhalten gilt:
"Neither is friluftsliv a 'trade show' style of grand Himalayan mountaineering expeditions, display windows for sponsors, equipment, wealth, tourism, competitive adventures, using nature as a 'sparring partner', etc.
Finally, friluftsliv should not be modelled as outdoor activity, in the sense of a safety valve for a fundamentally antinatural lifestyle or aggression. It is not meant to shore up our modern way of life, but to help us – as individuals and as a society – out of it."

Faarlund stellt sich kritisch gegen den in den letzten Generationen aufkommenden Gebrauch der Natur und den damit in Verbindung gebrachten Begriff Friluftsliv. Er macht das an einem Beispiel deutlich:
Wir Menschen haben eine „Produktionsmaschine" entwickelt, die es uns ermöglicht, einen hohen Lebensstandard zu haben. Diese Produktionsmaschine wird mit natürlichen Rohstoffen gefüttert. Neben den Produkten, die sie produziert, entstehen dabei Müll und Abgase, was sich negativ auf die Natur auswirkt. Wir Menschen sind ein Teil dieser Produktionsmaschine: Wir entwickeln, füttern und betreiben sie. Im Umgang mit dieser Maschine wird der Mensch gestresst und krank. Um dem entgegenzuwirken, sucht man an den Wochenenden Zuflucht in der freien

13 Deutsche Übersetzung: Was – Warum – Wie

Natur, um sich wenigstens ein Stück weit wieder zu regenerieren, damit man in der darauf folgenden Woche wieder an seinem Arbeitsplatz stehen kann, um „Natur" in die „Produktionsmaschine" zu stecken (vgl. Faarlund 1977, S. 21 f).

Faarlund sieht es deshalb als absurd an, diese Art Aufenthalt in der Natur Friluftsliv zu nennen. Für ihn ist das norwegische Friluftsliv etwas anderes. Es baut auf langer Tradition im Umgang mit und durch die Natur auf.

Friluftsliv bietet für ihn eine Möglichkeit, eine Lebenseinstellung zu gewinnen, die in Harmonie mit der Natur steht. „For a culture that has made the division of labor and big business a way of life, *friluftsliv* is a door into fresher air. *Friluftsliv* has a value of its own as a joyful 'aha!' experience. The original and 'unabridged' nature – the archetypical – becomes a basic value" [14] (Faarlund 1993, S. 166).

2.4.2 Lars Monsen

Lars Monsen, 1963 in Oslo geboren, hat nach eigenen Angaben bis heute ca. 4.000 Nächte im Freien verbracht. 1989/1990 unternahm er mit einem Kameraden zu Fuß und auf Skiern eine exakt 1-jährige Wanderung durch Norwegen. 1994/1995 durchquerte er zu Fuß und auf Skiern Alaska in 10 Monaten. Von 2000 bis 2002 unternahm er eine 947-tägige Tour zu Fuß, im Kanu, auf Skiern und mit einem Hundegespann durch Kanada. Seine letzte große Reise unternahm er 2006/2007. Da ging er 365 Tage lang durch Nordkalotten (vgl. Monsen 2009).

Monsen unternimmt seine Touren allein oder mit einem Kameraden. Er zeichnet sich dadurch aus, dass er mit einer auf den ersten Blick sehr spärlich erscheinenden Ausrüstung auf Tour geht, was dem Gedanken des traditionellen Friluftsliv entspricht. Eine Angelroute hat er meistens im Gepäck, so dass er das Gewicht der Lebensmittelvorräte auf Tour enorm verringern kann. Während seiner Alaska-Tour verzichtete Monsen auf Brennstoff im Gepäck. Seine Reiseroute führte ihn entlang der Baumgrenze, so dass er immer Holz für ein Feuer finden konnte, um darauf zu kochen. „Super-Lars", wie er in den norwegischen Medien oft genannt wird, ist ein Praktiker, der sein Wissen vermarktet hat und dadurch in Skandinavien sehr bekannt geworden ist. Seine Botschaft ist einfach:
„Jeder Tag in der Wildnis ist körperlich und psychisch viel gesünder und daneben bedeutend einfacher zu gelingen" (Monsen 1998, S. 268).

Er schrieb zahlreiche Bücher über seine Touren. Diese Bücher sind sehr anschaulich, informativ und abenteuerlich geschrieben.

14 Zu Nordkalotten gehören die Landesteile von Schweden, Finnland, Norwegen und Russland, die ganz oder teilweise nördlich des Polarkreises liegen.

Lars Monsen trägt durch seine Expeditionen und die darauf folgende Vermarktung derselben einen Teil dazu bei, den Menschen das traditionelle Friluftsliv näher zu bringen und ihnen bewusst zu machen, dass in der freien Natur andere Werte zählen, als in der Zivilisation. Monsen geht dabei unakademisch vor. Er zieht keine Philosophen, Forscher oder wissenschaftliche Erkenntnisse zu Erklärungs- oder Belegzwecken heran und nennt seine Lebensweise nicht Friluftsliv. Seine Reisebeschreibungen drehen sich um das „Hier und Jetzt und Wie“ und um seine eigenen Erlebnisse, Erfahrungen und Schlussfolgerungen. Lars Monsen samt Veröffentlichungen ist erwähnenswert, da er genau aufgrund dieser Reisebeschreibungen und Vorträge in Norwegen überall bekannt ist – und zwar als exzellenter Friluftslivmann, der auch durchaus kritische Beiträge zum modernen Friluftsliv äußert:
„Ich bin gleichzeitig der Erste, der einräumt, dass nicht alles im Friluftsliv rosarot ist. Die größte Gefahr für das 'gute Leben in der Wildnis' ist die ständig größer werdende Beeinflussung durch die Lebenswerte, die in der Zivilisation gelten. Besonders im Zusammenhang mit Statusdenken und ökonomischen Faktoren in Form teuer und modischer Kleidung und Ausrüstung ist das zu spüren. Friluftsliv ist zu einem Freizeitindustriezweig geworden, in dem Kapitalkräfte vieles steuern (Monsen 1998, S. 269).“

Um seine Sichtweise zu verdeutlichen, stellt er sieben Werte aus der Zivilisation unserer heutigen Gesellschaft den Werten in der freien Natur gegenüber.

1. Das Ziel des Daseins ist in der Zivilisation dadurch gekennzeichnet, „etwas zu sein“, sowie sich aus- und weiterzubilden, um so seinen Lebensunterhalt zu verdienen und Anerkennung aufgrund fachlicher Kenntnisse zu erlangen. Insgesamt lässt dies einen Druck entstehen, der besonders für junge Menschen groß ist.
   Das Ziel des Daseins in der freien Natur hingegen ist es, die Natur zu nutzen, gleichzeitig die existenziellen Grundbedürfnisse zu erfüllen und sich mit einfacher Kleidung und Ausrüstung zu begnügen. Da Menschen sich in der Natur weniger an materiellen Werten orientieren, werden die finanziellen Ausgaben auf einem viel niedrigeren Niveau gehalten. Der Druck, viel Geld zu verdienen, wird vermindert.

2. Der Druck, einen bestimmten Status in der Gesellschaft zu haben, ist heutzutage groß. So sind Äußerlichkeiten bedeutsam, und für viele ist es wichtig, was die Nachbarn oder Arbeitskollegen über sie denken. Dadurch wird es wichtig, standesgemäß zu wohnen, moderne Autos zu fahren und teure Kleidung zu tragen.
   Diese gesellschaftlichen Anforderungen verringern sich in der freien Natur, da es nur die Kameraden auf Tour gibt, die man beeindrucken könnte. Zudem gibt es auf Tour schlichtweg nur wenige Statussymbole, mit denen man imponieren könnte.

3. Die Gruppenzugehörigkeit spielt für eine Anerkennung in der Gesellschaft eine große Rolle. Man wendet sich den Personen zu, die einem selbst mit ihrer Kleidung, ihren Autos, dem Haarschnitt oder der Sprache ähneln. Zudem gibt die Gesellschaft ein bestimmtes Rollenverhalten vor.
   In der freien Natur dagegen spielt die Gruppenzugehörigkeit eine bedeutend geringere Rolle. Sie beschränkt sich auf Jagdvereine, Friluftsliv-Gruppen in Schulen oder Tourenkameraden. Außerhalb dieser Gruppen wird keine Verbindlichkeit empfunden sich entsprechend der „Gruppennorm" zu geben. So ist der Tourengeher zu einem großen Teil er selbst.

4. Die finanziellen Ausgaben sind in der heutigen Zeit oft immens. Viele arbeiten jahrzehntelang hart, um unnotwendig große Ausgaben für Haus, Inventar, Autos, Boote, Hütten und alles mögliche zu decken. Dabei wird jeder Einzelne bewusst oder unbewusst durch die Werbung beeinflusst.
   Die finanziellen Ausgaben reduzieren sich in der freien Natur gewaltig, da man nicht so viel Kleidung, Nahrungsmittel und materielle Dinge kaufen kann. Daneben ist traditionelle Ausrüstung für Touren günstig und die Natur selbst bietet reichlich Nahrung. Solange man keine Schulden abbezahlen muss, reduzieren sich die Fixkosten gegen Null. Unterwegs sieht man keine Werbung, die Kaufwünsche erwecken könnte.

5. Zeit ist in der Zivilisation immer knapp, und die Uhr bestimmt den Tagesablauf. Man muss tausend Dinge erledigen, alle sind beschäftigt und hasten durch die Gegend. Und trotzdem schafft man es nie, alle Dinge zu erledigen und bekommt in der Folge ein schlechtes Gewissen. Dadurch wird der Einzelne unausgeglichen und fühlt sich gestresst.
   In der freien Natur hingegen hat man Zeit genug. Man braucht keine Uhr, die den Tagesablauf bestimmt. Man hat keine Verabredungen und kann es sich dadurch erlauben, an besonders schönen Lagerplätzen ein bis zwei Tage länger zu verweilen. Man „lässt die Seele baumeln", und auf einmal wird es einfach, geduldig zu sein.

6. Die Gesundheit wird in der heutigen Zeit sehr belastet. Die Menschen arbeiten zu intensiv und zu lange, ohne ausreichend Bewegung zu bekommen. Daneben wird zu viel und ungesund gegessen. Außerdem wirken sich Staub und verschmutzte Luft negativ auf die Gesundheit aus. Monsen behauptet zudem, dass sich viele Menschen krank waschen, indem sie zu oft duschen, bzw. zu oft Seife benutzen. Die körpereigene, schützende Fettschicht auf der Haut wird dadurch zerstört.

In der freien Natur hingegen wird die Gesundheit gefördert. Die Tage werden größtenteils ruhig angegangen, man isst einfach und in Maßen, zudem ist man auf Tour körperlich sehr aktiv und atmet frische Luft ein. Unterwegs in der Natur wäscht man sich selten mit Seife, die körpereigene Fettschicht wird so nicht zerstört.

7. Die Erlebnisse im Alltagsgeschehen drehen sich meistens um Stress, Ungerechtigkeit, begrenzte Freiheit und wenig Einflussmöglichkeiten in der Gesellschaft. Man steht ununterbrochen im Kontakt mit anderen Menschen, ob Kollegen, Busfahrer, Finanzbeamte, Politiker oder Passanten. Diese Menschen treffen Entscheidungen und begehen Handlungen, die einen beeinflussen. Die Gesellschaft behandelt Menschen unterschiedlich. Wir können Mobbing, Überfällen, Gewalt und anderen Übergriffen ausgesetzt sein.
Die Erlebnisse in der freien Natur hingegen sind gekennzeichnet durch Ruhe und Harmonie, große Freiheit und die Möglichkeit, unseren Alltag selbst zu beeinflussen. Die Anzahl der Menschen, zu denen man auf Touren Kontakt hat, ist sehr begrenzt und meistens von uns selbst bestimmt. Die Natur behandelt alle Menschen gleich. Bei Unwetter spielt es keine Rolle, ob jemand von Beruf Minister oder Kassierer, von der Hautfarbe Farbiger oder Weißer ist (vgl. Monsen 1998, S. 265 ff).[15]

Vielen dieser Punkte kann zugestimmt werden. Realistisch betrachtet werden aber nur die wenigsten ihre „Zelte in der Zivilisation" abbrechen, um ein Leben wie Lars Monsen zu führen. Trotzdem wird deutlich, dass Friluftsliv-Touren eine Menge Alltagsdruck nehmen können, für Einzelne möglicherweise auch nachhaltig. Das kann jeder erleben, der sich allein oder in Gruppen auf Friluftsliv-Touren begibt.

2.4.3 Arne Næss

Arne Dekke Eide Næss (1912 geboren) ist einer der bedeutendsten norwegischen Philosophen des 20. Jahrhunderts. Bereits im Alter von 24 Jahren promovierte er zum Doktor der Philosophie. International bekannt wurde er als einer der Begründer der Tiefenökologie[16] und durch sein Engagement in der norwegischen Friedensbewegung zur Zeit des Kalten Krieges.

15 Die Übersetzung und Paraphrasierung dieser Textpassagen hält sich eng an den Schreibstil Monsens. Damit wird verdeutlicht, dass er nicht „akademisch" schreibt, sondern genau so, wie er denkt und fühlt.

16 Tiefenökologie ist eine spirituelle, naturphilosophische Ausdrucksform, der den Menschen als Teil der Ökologie/Erde, und nicht als außenstehendes Objekt sieht.

Næss ist in Norwegen auch als Bergsteiger und Friluftsliv-Mann bekannt. Er nahm 1950 an der Erstbesteigung des Tirich Mir im Hindukusch teil.
Für Arne Næss geht es im Friluftsliv um ein reiches Leben mit einfachen Mitteln (vgl. Liedtke 2007, S. 112).
Er ist derjenige, der das Friluftsliv im philosophischen Sinne prägte. Friluftsliv wird von Næss auch als Lebensphilosophie verstanden. Er ist eng mit Nils Faarlund befreundet; die beiden bildeten in den 60er und 70er Jahren eine Seilschaft beim Bergsteigen und debattierten viel miteinander und mit anderen Friluftliv-Anhängern aus ganz Skandinavien. Die beiden Männer fanden gemeinsam die prägenden Formulierungen im Friluftsliv.
„'Natur' bedeutet die nicht von Menschen bearbeitete Biosphäre. 'Leben' bedeutet einen naturfreundlichen Lebensstil ohne Konkurrenzkampf und ohne motorisierte Hilfsmittel. 'Leben mit Überschuss' bedeutet sich körperlich in der Natur mit eigenen Kräften zu betätigen, wie es üblich war vor der Moderne (Wandern, Klettern, Paddeln, etc.) und auch ohne eine Beute (Tiere, Fische, Früchte, etc.) mit nach Hause zu bringen. Die Grundlagen unserer Definitionen fanden wir in den damals in Norwegen noch eher unbekannten Wissenschaften der Ökologie (naturfreundlicher Lebensstil) und der Ethologie/Anthropologie (Leben mit Überschuss). Philosophische Grundlagen fanden wir u.a. bei Spinoza, Thoreau und Gandhi" (Faarlund 2007b, S. 78).

Das klassische Friluftsliv ist für Arne Næss (vgl. 1994, S. 15) eine Botschaft, die die Norweger an die ganze Welt richten. Norweger gehen, laufen und fahren in die Natur um loszuwerden, was auch immer sie bedrückt. Sie sprechen nicht davon, raus zu gehen, sondern davon, in und hinein in die Natur zu gehen. Dort finden sie sich selbst (wieder) und bereiten sich auf die Probleme vor, mit denen sie unvermeidlich nach ihrer Rückkehr in die Städte (wieder) konfrontiert werden.

2.5 Wo wird Friluftsliv betrieben?

Friluftsliv findet auf der einen Seite im privaten Bereich statt. Viele Tourengeher begeben sich allein oder mit einem Kameraden auf Tour, Sonntagnachmittagsausflüge werden nach wie vor gern im Kreis der Familie unternommen.
Zum anderen findet Friluftsliv vielerorts organisiert statt. Friluftsliv ist Teil des Lehrplans an Schulen, außerdem kann Friluftsliv, wie in 1.7 erwähnt, an Hochschulen studiert werden.
Intensive Anwendung findet das Friluftsliv in einer Bewegung für Schulunterricht im Freien, genannt „Uteskole", und im „Folkehøgskolevesen", das vielfach das Hauptfach Friluftsliv anbietet.

Friluftsliv wird in einem geringen Umfang in unterschiedlichen Varianten in Projekten mit Drogenabhängigen und zur Resozialisierung krimineller Jugendlicher als Methode angewendet. Nach dem norwegischen Umweltschutzministerium (vgl. Miljøverndepartement 2001, S. 32) sind die Ergebnisse hinsichtlich Vorbeugung und Rehabilitation positiv.
Neben kommerziellen Anbietern, die mittlerweile auf den Markt strömen, gibt es viele Verbände, Vereine und sogar Frilufts-Konfirmandengruppen in Norwegen, in denen man aktiv Friluftsliv in der Gemeinschaft betreiben kann.

2.5.1 Friluftsliv im Vereinswesen

Die zwölf größten und wichtigsten Friluftsliv-Organisationen, denen 480.000 Mitglieder angehören, haben sich zur FRIFO (Friluftslivets Fellesorganisasjon[17]) zusammengeschlossen (vgl. Mytting/Bischoff 2003, S. 32).

Diese zwölf Organisationen sind:

Name	Übersetzung, bzw. Tätigkeitsfeld
Den Norske Turistforening (DNT)	Die Norwegische Touristenvereinigung
Norges Folkesportforbund	Norwegens Volkssportverband
Norges KFUK-Speidere	Pfadfinder
Norges KFUM-Speidere	Pfadfinder
Norges Orienteringsforbund	Norwegens Orientierungs(lauf)verband
Norges Røde Kors Hjelpekorps	Rotes Kreuz
Norske 4H	Kinder- und Jugendorganisation
Foreningen til Ski-Idrettens Fremme	Verein zur Förderung von Ski und Sport
Norges Jeger- og Fiskerforbund	Norwegens Jäger- und Fischereiverband
Norges Padleforbund	Norwegens Paddelverband
Norges Speiderforbund	Norwegens Pfadfinderverband
Syklistenes Landsforening	Landesvereinigung für Radfahrer

Die Arbeit der größten Friluftsliv-Organisation, des DNT, der bereits einige Male erwähnt und zitiert wurde, wird stellvertretend für die Vereinsarbeit näher beschrieben.
Der DNT wurde bereits im Jahr 1868 als weltweit erste Touristenvereinigung gegründet (vgl. Sandell/Sörlin 2000, S. 275). Der DNT ist ein norwegischer Gebirgswanderverein, der ähnlich wie in Deutschland der DAV (Deutscher Alpenverein)

17 Deutsche Übersetzung: Friluftsliv Gemeinschaftsorganisation

in Sektionen aufgeteilt ist. Alle 55 Sektionen gehören dem Dachverband DNT an. Mehr als 210.000 Mitglieder zählte der DNT im Jahr 2008. Der Verein organisiert Touren, veröffentlicht Publikationen, hält Wege und Pfade in Stand und unterhält Hütten im Gebirge, in Wäldern und an den Küsten. Viele der notwendigen Arbeiten an dieser Infrastruktur werden durch ehrenamtlich tätige Mitglieder ausgeführt. Insgesamt werden jährlich ca. 175.000 Freiwilligenstunden registriert (vgl. DNT 2009).

Im Jahr 2007 unterhielten die Sektionen des DNT insgesamt 451 bewirtschaftete und unbewirtschaftete Hütten. Mitarbeiter des DNT markierten ca. 20.000 km Gebirgswege im Sommer, bauten Brücken und markierten im Frühling ca. 7.000 km Winterrouten für Skiläufer. Der Verein arrangiert diverse Touren, aufgeteilt in Tages-, Wochenend- und längere Übernachtungstouren. Dazu kommt eine große Anzahl an Gletscherkursen, Kletterkursen, Winterkursen und Kursen über die Natur, Kultur und Umwelt. Insgesamt werden vom Verein jährlich rund 10.000 Touren und Kurse mit ca. 300.000 Teilnehmern organisiert (vgl. Andresen 2008, S. 69).

Laut Satzung des DNT besteht ein Auftrag der Vereinsarbeit darin, Kindern die Natur näher zu bringen, sowie Kinder und Familien in die Natur zu bringen. Seit 1999 gibt es deshalb innerhalb der einzelnen Sektionen Untersparten für den Kinder- und Jugendbereich, die wiederum sektionsübergreifend zusammengeschlossen sind. Zur Zeit umfasst diese Sparte circa 20.000 Mitglieder (vgl. DNT 2009).

Das Hauptziel der Kinder- und Jugendarbeit im DNT ist es, so vielen Kindern wie möglich die Freude am aktiven Friluftsliv näher zu bringen und es ihnen zu ermöglichen, Glück und Erlebnisse in der Natur zu finden. Im Vordergrund stehen dabei Naturerlebnisse, Spiel und Spannung, sowie ein soziales Miteinander (vgl. Erlandsen-Syrdahl 2001, S. 22).

2.5.2 Uteskole

„Uteskole“ heißt wörtlich übersetzt „Schule draußen“. Es findet jedoch nicht wie in Waldkindergärten der gesamte Tagesablauf im Freien statt.

Uteskole ist eine pädagogische Methode an Schulen, bei der Teile des Schulalltags aus dem Klassenzimmer nach draußen verlegt werden. Dadurch wird den Schülern die Möglichkeit eines realitätsnahen Lernens eröffnet, indem sie über Gemeinschaft in der Gemeinschaft lernen und über die Natur in der Natur. Alle Schulfächer werden so gestaltet, dass Unterricht sowohl im Freien, wie auch im Klassenzimmer stattfinden kann (vgl. Grønningsæter/Hallås/Kristiansen 2005, S. 29).

„Die Uteskole ist kein neuer pädagogischer Gedanke. Bereits Rousseau war im 17. Jahrhundert davon überzeugt, dass Kinder sich viel in der Natur aufhalten sollten, um von ihr zu lernen und Zusammenhänge zu begreifen. John Dewey (1859–1952) betonte das learning by doing, und dass das Lernen von Theorie und Praxis von dem Ausgangspunkt der eigenen Erfahrungen des Kindes betrachtet werden müsse" (Vingdal/Hollekim 2001, S. 281).

In den 1960er Jahren entwickelte sich in Skandinavien im Zusammenhang mit dem Entstehen eines starken Umweltbewusstseins auch die Idee der so genannten „Utendørspedagogikk"[18]. Diese Pädagogik ist aktivitätsgestützt. Das direkte Erlebnis in der authentischen Umwelt und die Entwicklung eines Umweltbewusstseins sind Ziele der Utendørspedagogikk. Ausgehend davon, dass die Lerninhalte der Sprachen, Mathematik, Naturwissenschaftlichen Fächer, Geschichte und Kunst auch im Freien erlernt werden können, wird der Unterrichtsraum nach draußen verlegt. Die Utendørspedagogikk beinhaltet eine Kombination aus der Zusammengehörigkeit zwischen Mensch und Natur, der Entwicklung einer Haltung, bei der man sich um seine Umgebung kümmert, sowie dem Erlernen der Fähigkeit, die Naturressourcen schonend zu nutzen (vgl. Buaas 2002, S. 16f).

Die Idee der Uteskole baut auf der Utendørspedagogikk auf. Friluftsliv steht dabei nicht als Lerninhalt im Fokus, jedoch nutzt die Uteskole das Friluftsliv als Technik, um Lerninhalte zu vermitteln.
Die Uteskole geht von einem nachhaltigen Lernen durch Erleben aus. Oft sind es kleine, aber intensive Erlebnisse, an die wir uns auch später noch gut erinnern. Die Natur als Klassenraum bietet zahlreiche Möglichkeiten und Herausforderungen. Uteskole ist mehr als im Wald auf Tour zu gehen, auf Bäume zu klettern oder Würstchen über ein Lagerfeuer zu halten. Die Uteskole nutzt für die Vermittlung der Lerninhalte die Möglichkeiten, die die Natur für Erlebnisse und praktische Aktivitäten bietet, wodurch Erfahrungen gesammelt werden können (vgl. Vedum 2001, S. 8).

Der Erfolg des Lernens in der Natur ist abhängig davon, inwieweit Erlebnisse bearbeitet werden. Durch Reflektion können Erlebnisse zu Erfahrungen werden und zu einem Lernerfolg führen. Dies wird durch die Wahrnehmung mit den eigenen Sinnen und durch Aktivität verstärkt, so dass sich die Erfahrung vermutlich besser in das Gedächtnis einprägt (vgl. Vingdal/Hollekim 2001, S. 282f).

In der Idee der Uteskole gibt es bei genauerer Betrachtung Parallelen zu anderen in Europa bekannten pädagogischen Konzepten.

18 Deutsche Übersetzung: Pädagogik im Freien

Das von Loris Malaguzzi (1920–1994) in Reggio/Norditalien begründete Konzept der Kleinkindererziehung, genannt Reggio-Pädagogik, stellt das Kind in den Mittelpunkt des Geschehens. Nach diesem Konzept soll nicht einem passiven Kind etwas beigebracht werden, sondern ein aktives Kind in seinem Lernprozessen unterstützt werden. Dies soll über selbständiges Experimentieren und die Auseinandersetzung mit der Welt erreicht werden. Ein weiteres zentrales Ziel in der Reggio-Pädagogik ist es, die Wahrnehmungs- und Ausdrucksfähigkeit des Kindes beispielsweise durch Tasten, Fühlen, Vergleichen und Experimentieren mit Holz, Farben oder Steinen zu fördern (vgl. Thesing 2001, S. 164f).

Ebenso steht bei der von Maria Montessori (1870–1952) in Italien begründeten Montessori-Pädagogik das Ausprobieren und Experimentieren der Kinder im Vordergrund. Ausgehend davon, dass Kinder selbst genügend Kraft und Interesse besitzen, um sich mit ihrer Welt konstruktiv auseinander zu setzen, können sie selbständig Erfahrungen sammeln und lernen, indem sie praktische Probleme lösen (vgl. Thesing 2001, S. 149). Wenn sich Kinder für eine Sache interessieren, können sie durch Konzentration zu enormen Lernergebnissen kommen. Dies bezeichnete Montessori als „Polarisation der Aufmerksamkeit". Der Erzieher beobachtet dabei nur und stört die kindliche Konzentration nicht (vgl. Thesing 2001, S. 151f). Auch hier wird dem Kind ein Erfahrungsraum gegeben, der über den üblichen Lernort eines gewöhnlichen Raumes in einem Kindergarten oder eines Klassenraumes hinaus geht.

Diese Ansätze gehen wie die Uteskole von einem entwicklungsfördernden Milieu aus, das den Lernprozess unterstützt.

Seit 2001 gibt es ein Pilotprojekt in einer ersten Schulklasse an der Steiner-Schule in Trondheim/Norwegen, in dem der größte Teil des Unterrichts im Freien stattfindet. Nach Beobachtungen der Lehrer entwickeln die Kinder dieser Klasse u.a. eine gute Fein- und Grobmotorik. Die Schüler treffen sich morgens auf dem Schulhof der Schule, fahren von dort aus mit einem Bus aus der Stadt und gehen das letzte Stück zu einem alten, verlassenen Gehöft zu Fuß, wo die Klasse ihre Basis hat. Dort gibt es für die Kinder zahlreiche Erlebnis- und Lernmöglichkeiten. Sie lernen Fakten über die Pflanzenwelt und es gibt Projektarbeiten zu unterschiedlichen Themen. Die Kinder nutzen das, was sie finden, um beispielsweise etwas zu basteln, und sie lieben es zu schnitzen. Das schult Konzentration und Präzision, und die Kinder lernen, sich an verbindliche Arbeitsanweisungen zu halten. Daneben bekommen die Kinder einen Teil Lese- und Schreibunterricht, sowie praktischen Unterricht, der jedoch nicht im Freien stattfindet (vgl. Maske 2005, S. 46f).

Dieses Pilotprojekt bezieht sich ausschließlich auf eine erste Klassenstufe. Der Inhalt erinnert an die Arbeitsform in einem Waldkindergarten.

Üblicher ist es in Norwegen, als Form der Uteskole lediglich einen Teil des Unterrichts ins Freie zu verlegen.
In der Klassenstufe 1 bis 4 gibt es viele Schulen, die einen festen Tag in der Woche im Freien verbringen. Der DNT setzt sich für die Erweiterung der Uteskole ein und wünscht sich eine größere Akzeptanz der Uteskole als pädagogisches Werkzeug. Er bietet daher Kurse für interessierte Grundschullehrer an, die ihre Friluftsliv-Kenntnisse erweitern, bzw. diese mit den Lehrinhalten verknüpfen wollen (vgl. Maske 2005, S. 49).

Die Uteskole bietet einen weiteren Raum, um bei Kindern ein Interesse am Friluftsliv zu wecken und erste Erfahrungen auf diesem Gebiet zu sammeln.
Dadurch, dass die Uteskole durch alle Jahreszeiten hindurch stattfindet, ergeben sich für die Schüler vielfältige authentische Lern- und Aktivitätsmöglichkeiten (Beispiele für den Herbst: Beeren pflücken, Pilze sammeln und zubereiten, Wetterkunde, ...). Friluftsliv wird in der Uteskole ganz natürlich als Teil des Unterrichts betrieben.

2.5.3 Friluftsliv an Schulen

Nicht nur im Bereich der Uteskole wird Friluftsliv als Technik angewandt. An der „Grundschule", die in der norwegischen Schulform über 10 Klassenstufen geht, ist Friluftsliv fester Bestandteil im Lehrplan. Zudem gibt es Wahlfächer zum Thema Friluftsliv. Das setzt eine entsprechende Ausbildung der Lehrkräfte in diesem Bereich voraus. Als Teil des Lehrer-Studiums werden an den Hochschulen Kurse im Bereich Friluftsliv angeboten. Friluftsliv ist dem Sportunterricht angegliedert und spielt dort eine zentrale Rolle.

In den Klassenstufen 1 bis 4 sind die unmittelbare Umgebung und die Natur die Themenschwerpunkte. Die Schüler sollen durch Erforschen, körperliche Aktivitaten und Sinnesschulung Erfahrungen sammeln, Kreativität entwickeln und sich als einen Teil der Natur erleben.
In den Klassenstufen 5 bis 7 liegt der Schwerpunkt bei dem Thema „Hinein in die Natur". Durch Erlebnisse in der Natur sollen die Schüler über das Zusammenspiel zwischen Mensch und Natur lernen. Dabei wird Wert auf die kulturhistorische Perspektive des Friluftsliv gelegt. Es soll weiter ein Verantwortungsgefühl gegenüber der Natur entwickelt werden.
In den Klassenstufen 8 bis 10 sollen die Schüler praktische Kenntnisse und Wissen über das Friluftsliv erlangen (vgl. KUF[19] 1996, S. 3 – 13).

19 KUF: Königliches Kirchen-, Ausbildungs- und Forschungsamt

Dies kann beispielsweise durch Projektarbeit, wie den Bau von Schneehöhlen, geschehen. Auf Touren begegnet man im Winter oft Schulkassen, die zusammen mit ihren Lehrern auf mehrtägigen Exkursionen unterwegs sind, um zusammen Schneehöhlen zu bauen und darin zu übernachten.
Viele junge Norweger gaben in Gesprächen an, in ihrer Schulzeit im Rahmen des Unterrichts Schneehöhlen gebaut zu haben. Es kann davon ausgegangen werden, dass dies eine sehr gängige und beliebte Form bei der Vermittlung von Friluftsliv ist. In 3.4.2 wird daher näher auf den Bau von Schneehöhlen eingegangen.

Wenn wir Faarlund folgen (zit. n. Mjaavatn 2005, S. 10), dann soll Friluftsliv in der Schule keine Alternative zum Sport oder Biologieunterricht im Freien darstellen, sondern Friluftsliv soll in unserer Überfluss-Gesellschaft eine Alternative sein, bei der nicht nur das Gehirn arbeitet, sondern wofür auch das Herz schlägt.

Die Wurzeln für diese Einstellung zum Friluftsliv können in der Schule gelegt werden, jedoch muss jeder selbst entscheiden, ob „sein Herz für Friluftsliv schlägt“. Erwähnenswert ist, dass Friluftsliv im Lehrplan ganz in Faarlunds Sinne nicht als Methode oder Technik, sondern als Inhalt verankert ist.

2.5.4 Friluftsliv an Folkehøgskolen

Auf das skandinavische Folkehøgskolevesen [20] wird an dieser Stelle aus zwei Gründen näher eingegangen.
Zum einen bieten 48 der 77 Folkehøgskolen das Hauptfach Friluftsliv in verschiedenen Formen an (vgl. IF/IKF [21] 2008). Dadurch bildet das Folkehøgskolevesen einen breiten Zweig in der Friluftsliv-Pädagogik.
Zudem wird in den weiteren Ausführungen überwiegend auf Praxiserfahrungen im Bereich Friluftsliv an der Sogndal Folkehøgskule Bezug genommen.

In Deutschland ist das skandinavische Folkehøgskolevesen nahezu unbekannt. Übersetzt handelt es sich bei Folkehøgskolen um Heimvolkshochschulen, die als Internat geführt werden. Diese Folkehøgskolen haben mit unseren deutschen Volkshochschulen jedoch nahezu nichts gemeinsam. Aus diesem Grund wird hier der Begriff Folkehøgskole und nicht die deutsche Übersetzung verwendet.
Die Idee der Heimvolkshochschulen hatte der Däne Nikolai Frederik Severin Grundtvig (1783–1872). Grundtvig war ein Reformer im 19. Jahrhundert. Er war Pfarrer, Historiker, Dichter und Volksbildner.

20 Deutsche Übersetzung: Volkshochschulwesen
21 IF/IFK = Informationsbüro für Folkehøgskolen/Informationsbüro für christliche Folkehøgskolen

Er begründete die Vision „der Schule fürs Leben" in Opposition zur formellen und strengen mittleren und höheren Bildung seiner Zeit. Sein Ziel war es, die Kluft zwischen Elite und Volk zu beseitigen (vgl. Slumstrup 1983, S. 40f). Seine Methoden waren Dialog, Demokratie und Diskussion. Darauf basiert die durch die Gründung der Folkehøgskolen entstandene Grundtvig`sche Pädagogik.

Sally C. Opstein (1983, S. 13f) vergleicht John Dewey mit Grundtvig und sieht verschiedene Parallelen zwischen den jeweiligen pädagogischen Ansätzen:
"I chose to compare Dewey to Grundtvig because both were pragmatists in their educational outlook. They believed strongly in the importance of experience in education, and that education must be applicable to one's daily life. They sought to involve parents, teachers and the entire community in the educational process. Both Grundtvig and Dewey developed their educational theories in reaction against rote learning and authoritarian teaching which they regarded as contrary to a true education. The ideas had political and social significance. They associated education with the principles of freedom and democraty and foresaw some of the social changes that look place through public education."

Die erste Folkehøgskole wurde 1844 in Dänemark gegründet (vgl. Slumstrup 1983a, S. 30). Es folgten ab 1864 Schulen in Norwegen, ab 1868 in Schweden und ab 1889 in Finnland (vgl. Björkstrand 1983, S.99f).
Die Grundtvig`sche Pädagogik wurde auch in den Vereinigten Staaten von Amerika bekannt. So wurden in der Zeit von 1878 bis 1921 Schulen nach Grundtvigs Vorbild in Iowa, Michigan, Nebraska und Kalifornien eröffnet, die von Amerikanern dänischer Abstammung besucht wurden (vgl. Mortensen 1983, S. 124).

Heute gibt es etwa 400 Folkehøgskolen in Skandinavien, davon 77 Schulen in Norwegen. Die unter unterschiedlichen Trägerschaften geführten Schulen sind frei finanziert, es gibt jedoch staatliche Zuschüsse.

Die meisten Schüler einer Folkehøgskole besuchen diese nach dem regulären Schulabschluss, wenn sie sich in der Berufsfindungsphase befinden. Die Schüler sind in der Regel mindestens 18 Jahre alt. Einige haben schon eine Berufsausbildung oder waren bereits beim Militär.
Der Schwerpunkt der Arbeit einer Folkehøgskole liegt darin, die persönliche Entwicklung der jungen Erwachsenen zu fördern. Es soll ein freies Lernen ermöglicht werden. Daher gilt an diesen Schulen Grundtvigs Grundsatz eines Lernens fürs Leben ganz ohne Prüfungen noch heute. Das Schuljahr dauert jeweils von Ende August bis Mitte Mai.

Jede Schule bietet verschiedene Hauptfächer an, die sehr unterschiedlich sein können. Es werden beispielsweise Hauptfächer wie Kunst, Sport, Friluftsliv, Wissen über bestimmte Staaten, Fotografie, Gesundheitswesen, Theater, Musik, Globalisierung, Journalismus, Hundeschlitten fahren, Film und Psychologie angeboten. Dazu kommen Wahl(pflicht)fächer, Gemeinschaftsunterricht, Schülerabende, Themenwochen, Debattierrunden und Gesprächsrunden mit Gästen.

Dadurch, dass 48 dieser Schulen Hauptfächer im Bereich Friluftsliv anbieten, werden Nachfrage und Popularität des Friluftsliv bei jungen Menschen deutlich.
Von diesen 48 Schulen bieten etwa die Hälfte mehrere Hauptfächer im Bereich Friluftsliv an. So kann ein traditionelles, nahezu all umfassendes Friluftsliv-Hauptfach besucht werden, oder eines mit einem Schwerpunkt wie Hochgebirge und Klettern, Seekajak, Jagd und Fischen, Hundeschlitten fahren oder Skilaufen.

Man könnte denken, dass die norwegischen Schüler von vornherein naturverbunden sind und bereits viele Erfahrungen im Bereich Friluftsliv mitbringen. Jedoch kommen die meisten Schüler aus den größten Städten Oslo und Bergen und haben vor dem Besuch einer Folkehøgskole nur sehr wenig Friluftsliv im traditionellen Sinn betrieben. Diese Schüler wollen das Schuljahr dazu nutzen, Friluftsliv als etwas Neues auszuprobieren.
Aus diesem Grund tragen Folkehøgskolen einen wichtigen Teil dazu bei, jungen Menschen das traditionelle Friluftsliv näher zu bringen und darüber hinaus durch Erlebnisse, Gemeinschaft, Wissen und Erfahrungen Grundlagen für ein weiteres Leben mit Friluftsliv zu legen.

3. Friluftslivpädagogik

Friluftsliv wurde über einen langen Zeitraum ohne pädagogischem Hintergrund als Freizeit in der Natur betrieben. Man machte sich keine Gedanken über das Warum, die Methoden oder die Ziele.
Friluftsliv stellt auch heute einen großen Freizeitbereich für die Bevölkerung dar. Jedoch wurde daneben der pädagogische Wert erkannt. Als Nils Faarlund 1967 seine Hochgebirgsschule eröffnete und Friluftsliv 1972 an die Hochschulen kam, entstanden erste pädagogische Konzepte, in denen Strukturen, Zielsetzungen und Methoden festgelegt wurden. Erziehungsziele und Ansätze innerhalb der Pädagogik wurden definiert und die Vermittlung von theoretischem Wissen und praktischer Anwendung wurden verschriftlicht.
Friluftsliv hat sich nach Bischoff (vgl. 1998, S. 96) in bestimmten Bereichen von den Traditionen gelöst und wird heute **bewusst pädagogisch** verwendet. Unter bewusst versteht sie, dass zuvor die Mechanismen in den entsprechenden pädagogischen Prozessen analysiert wurden.
Vorreiter auf dem Gebiet der Pädagogisierung waren eindeutig die Schweden, von denen in Norwegen viel übernommen wurde. – Zahlreiche der in Norwegen benutzten Lehrbücher wurden von schwedischen Wissenschaftlern wie Björn Tordsson, Klas Sandell, Britta Brügge, Matz Glantz und anderen verfasst. Pädagogische Konzepte der Norweger kommen nur selten aus der jeweiligen Institution zur Veröffentlichung heraus. Viele einzelne norwegische Wissenschaftler vertreten aufgrund ihrer eigenen Begriffsinterpretation und ihrer eigenen kulturellen Deutung von Friluftsliv sehr individuelle methodische Ansätze. Diese individuell verschiedenen Ansätze sind scheinbar bisher nicht so konsensfähig, als dass man sich auf Kongressen und Symposien auf eine vorherrschende Lehrmeinung und die entsprechende Lehrbuchherstellung hätte einigen können. Von Literatur zum praktischen Friluftsliv hingegen wimmelt es geradezu auf dem norwegischen Markt.
Im Friluftsliv wird der Mensch als Ganzes angesprochen. Es sind Parallelen zu Johann Heinrich Pestalozzi (1746–1827) zu erkennen, der die Vorzüge der Ganzheitlichkeit beim Lernen mit „Kopf, Herz und Hand“ als Erster benannt hat. Im Mittelpunkt des Lernprozesses steht die Auseinandersetzung mit einer Aufgabe, wobei Erfahrungen selbst gemacht werden müssen. Wissen, Fähigkeit und Werte werden über direkte Erfahrungen erarbeitet und vermittelt.

Der Schwede Björn Tordsson, hat sich ausführlich mit der Verschriftlichung von theoretischem Wissen im Bezug auf die Friluftsliv-Pädagogik beschäftigt. Tordsson (vgl. 1993, S. 30) betont, dass die Friluftsliv-Pädagogik nicht allein aus der Theorie heraus erlernt werden kann, sondern eng mit praktischem Wissen und

Erfahrung verknüpft ist. Folgende Themen und Fragestellungen umfassen nach ihm den Begriff der Friluftsliv-Pädagogik (vgl. Tordsson 1993, S. 35 f):

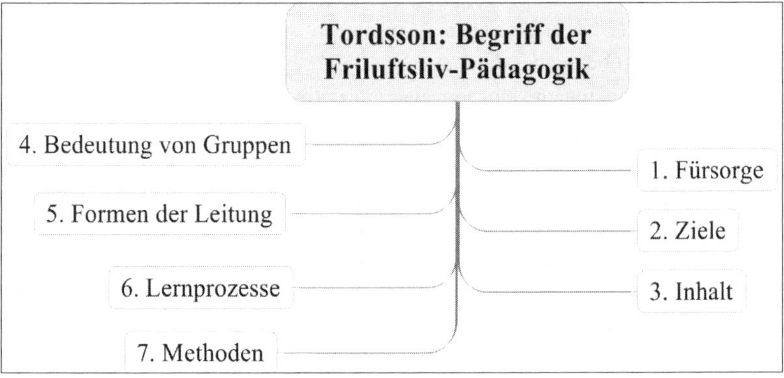

Abb. 2: Friluftsliv-Pädagogik nach Tordsson

Die von Tordsson benannten Punkte bedürfen einer eingehenden Analyse. Die einzelnen Aspekte werden aus einer theoriegeleiteten Perspektive betrachtet und ggf. anhand von Praxisbeispielen verdeutlicht. Weiterhin werden mögliche Verbindungen, bzw. Parallelen zur Erlebnispädagogik benannt.

3.1 Pädagogische Beziehung

Tordsson (vgl. Tordsson 1993, S. 35) benennt die Fürsorge als einen Themenpunkt in der Friluftsliv-Pädagogik. In diesem Zusammenhang befasst er sich damit, inwieweit Fürsorge sich auf die persönliche Lebensqualität und Entwicklung des Einzelnen auswirkt, was sie im sozialen Zusammenhang erreichen kann und welche Bedeutung sie für die Entwicklung des Einzelnen in der Gemeinschaft und für das Verhältnis des Menschen zur Natur hat.

Fürsorge hört sich im deutschen Sprachraum sehr verstaatlicht an. Man denkt dabei an den staatlichen Eingriff durch Inobhutnahme bei Kindeswohlgefährdung, den sich aus der sozialstaatlichen Fürsorgepflicht ergebenden Anspruch auf Sozialleistungen wie Arbeitslosengeld I und II oder die Fürsorgepflicht von Arbeitgebern gegenüber ihren Arbeitnehmern. Der Begriff der Fürsorge bezieht sich im Kontext mit Friluftsliv auf die pädagogische Beziehung zwischen Friluftsliv-Leiter und Teilnehmern sowie auf die Verantwortung, die der Leiter gegenüber der Gruppe trägt.

Die Voraussetzungen, die die Teilnehmer mitbringen, müssen dem Friluftsliv-Leiter bekannt sein. Nur so kann er einen Rahmen für eine Tour schaffen, innerhalb dessen sich die Gruppe aufeinander abstimmen kann. Auf dieser Basis kann der Leiter die geeigneten (Lern)Methoden bestimmen, Ziele definieren und er selbst verantwortungsvoll handeln. Hierzu gehört u.a., Rücksicht auf die Bedürfnisse des Einzelnen zu nehmen.
Wie die Fürsorgepflicht im Kontext von Friluftsliv zu verstehen ist, wird nach Faarlund (1973, S. 47) wie folgt definiert:
„Jeder Teilnehmer einer Gruppe hat seine persönlichen Wünsche und Bedürfnisse. Das Grundbedürfnis der Sicherheit hat hierbei höchste Priorität. Wenn es um Essen, Kleidung, Schutz und Wärme geht, geht es ebenso um fundamentale Grundbedürfnisse, die der Einzelne im eigenen Interesse zu befriedigen lernen muss oder dazu ermuntert werden muss, entsprechenden Einsatz zu zeigen. Die Teilnehmer sollen eine Anleitung bekommen, wie sie ihr Wohlbefinden stärken – Verhaltensregeln, die sie annehmen müssen, um es auf Touren angenehm und sicher zu haben (Kleidung anziehen, auch wenn jemand mürrisch ist, körperlich aktiv bleiben durch zum Beispiel Kniebeugen, um warm zu bleiben, selbst dann Kochen, wenn man kalte Finger hat, usw.). Die Teilnehmer sollen dazu gebracht werden, Solidarität für die Gruppe zu entwickeln, so dass sie ihre persönlichen Bedürfnisse nicht auf Kosten der anderen erfüllen."

Eine Verstärkung kann durch die Professionalität des Friluftsliv-Leiters erzielt werden, der durch Fachwissen und Erfahrung im Rahmen seiner Fürsorgepflicht individuell auf die Wünsche und Bedürfnisse der einzelnen Teilnehmer eingehen kann.

3.2 Ziele im Friluftsliv

Friluftsliv kann ein Verlangen nach einer ganzheitlichen und vielseitigen Lebensform ansprechen, da die Aktivitäten in einem ganzheitlichem Zusammenhang gesehen werden. Friluftsliv stimuliert und entwickelt u.a. Fertigkeiten wie Intellekt, Fantasie, schult die Sinne, stärkt physisch und psychisch und stärkt das soziale Verantwortungsgefühl.
Es muss unterschieden werden zwischen den eher allgemein gefassten Zielen des Friluftsliv, die nicht ausschließlich pädagogischer Intention sind, und den Lernzielen der Friluftsliv-Pädagogik. Auf Letzteres wird in 3.6 eingegangen.
An der Hochschule in Telemark/Norwegen, an der Tordsson heute am Institut für Sport und Friluftsliv lehrt, wurden folgende Ziele für das Friluftsliv formuliert:

„Friluftsliv soll:

1. Einen Umgang mit der freien Natur vermitteln, die dem Einzelnen Zufriedenheit und ein Erlebnis von Lebensqualität vermitteln soll.
2. Ein Verhältnis zu der freien Natur entwickeln, welches zu einem verantwortungsbewussten Umgang mit der Vielfältigkeit und Qualität in der Natur führt.
3. Fähigkeiten entwickeln, Alltagshandlungen kritisch zu beurteilen und Bewusstsein über Konsequenzen im Bezug auf zwischenmenschliche Verhältnisse herstellen.
4. Inspiration für einen anderen Lebensstil sein: In innerer Hinsicht reicher, in äußerer Hinsicht schlichter.
5. Die Kompetenz des Einzelnen in Bezug auf Zusammenarbeit und Mitverantwortung weiter entwickeln“ (Tordsson 1993, S. 28).

3.2.1 Umgang mit der freien Natur: Zufriedenheit und Lebensqualität

Die Natur stellt einen Raum dar, in dem man Ruhe und Stille erfahren, zu einer inneren Ruhe gelangen und seine Gedanken von den Alltagsproblemen abwenden kann. Der Anblick von majestätischen Bergketten, ein gefrorener Wasserfall, die Begegnung mit Polarfüchsen oder mit einer Rentierherde auf der Hochebene, der Ausblick von einem Plateau hinab auf einen Fjord oder Elchspuren im Schnee sind natürliche Erlebnisse in der Natur, die oft bleibende Erinnerungen hinterlassen und dem Einzelnen ein Gefühl von Zufriedenheit vermitteln können.
„Wenn wir die Umwelt mit dem vergleichen, was wir Menschen geschaffen haben, stellen wir fest, dass man in der Natur keine Pfuscherei findet. Je dichter wir heran gehen, desto mehr wunderbare Details entdecken wir. Eine schöne Fotografie einer Blume verliert an Schönheit, wenn wir eine Lupe verwenden. Die Blume in der Natur hingegen wird schöner und schöner“ (Vingdal/Hollekim 2001, S. 10).
Das norwegische Umweltschutzministerium (vgl. Miljøverndepartement 2001, S. 9) bewirbt Friluftsliv als einen Weg zu höherer Lebensqualität. Dem Verweilen in der freien Natur wird mittelbar die Fähigkeit zugesprochen, die Lebensqualität des Einzelnen zu steigern. Außerdem wird Friluftsliv als ein grundlegendes Bedürfnis von Kindern gesehen.

Im Folgenden wird dargelegt, wie das Erleben in der Natur im Kindesalter zu einer höheren Lebensqualität im Erwachsenalter führen kann.

Die Natur hält beim Spiel Herausforderungen wie Balancieren, auf Bäume klettern, einen Hang hinabrollen, Brücken bauen, von Stein zu Stein hüpfen, sowie das Gehen und Laufen in unebenem Gelände bereit. Dadurch wird die Motorik geschult.

Der Naturraum ist keine stolperfreie Zone. Unebenheiten im Boden und Stöcke oder Äste auf den Wegen führen zu Stolpern. „... wer stolpert, der lernt auch fallen und wer fallen kann, der ist weniger verletzungsgefährdet, lernt seinen Körper einzuschätzen und kann im Ernstfall auf erlernte Bewegungsmuster zurückgreifen" (Miklitz 2005, S. 156).

Untersuchungen ergaben, dass Kinder in Kindergärten mit dem Schwerpunkt Natur eine bessere Motorik entwickeln, körperlich weiter entwickelt sind und sich psychosozial besser anpassen können. Neuere Untersuchungen ergaben zudem, dass das Abhärten in der Kindheit positive Auswirkungen auf den Umgang mit Stresssituationen im Erwachsenenalter hat. Kinder, die viel drinnen sind und das Spiel im Freien nicht lernen, sind später in einem höheren Grad verletzungsgefährdet (vgl. Miljøverndepartement 2001, S. 31 f).

Nicht nur in Norwegen wurde die positive Wirkung der Natur auf die Entwicklung von Kindern erkannt. Auch in Deutschland gilt der Wald als pädagogischer Lernort für Kinder.
Die Zielsetzung des Waldkindergartens Kiel ist es, die Kinder in Naturerfahrungen, der Motorik, der Sinnesschulung, der Entwicklung innerer Stärke, dem Sozialverhalten und im Umgang mit Konflikten zu fördern und zu unterstützen (vgl. Konzeption Waldkindergarten Kiel 2002, S. 4).

Der Wald bietet vielfältige Möglichkeiten für ganzheitliche Bewegungserfahrungen, die das Denken, Fühlen, Handeln, Wahrnehmen und Bewegung gleichermaßen ansprechen.
„Bei Kindern ist diese Ganzheitlichkeit im Handeln und Erleben besonders stark ausgeprägt. Sie nehmen Sinneseindrücke mit dem ganzen Körper wahr, drücken ihre Gefühle in Bewegung aus, sie reagieren auf äußere Spannungen mit körperlichem Unwohlsein, und ebenso können freudige Bewegungserlebnisse zu einer körperlich wie psychisch empfundenen Gelöstheit und Entspannung führen" (Zimmer 2004, S. 27).

3.2.2 Verantwortungsbewusstes Handeln gegenüber der Natur

Der Alltag im Wald schult Kinder nicht nur in ihrer Motorik und Wahrnehmung, Kinder können auch einen selbstverständlichen Bezug zur Natur entwickeln und im Umgang mit ihr geschult werden. So können frühzeitig Grundlagen für ein verantwortungsbewusstes Handeln gegenüber der Natur gelegt werden.
Naturerlebnisse können auf Kinder, Jugendliche und Erwachsene prägend wirken. Positive Erfahrungen, das Erleben in der Natur und das Gefühl der Zugehörigkeit sind geeignet, das Umweltbewusstsein zu fördern und ein positives Verhältnis zur Natur entstehen zu lassen.

Louise Chawla (zit. n. Mjaavatn 2005, S. 9) fand bei einer im Jahr 1996 durchgeführten Untersuchung heraus, „ … dass besonders die, die in ihrer Kindheit eine nahes und emphatisches Verhältnis zur Natur hatten, später federführend in der Umweltbewegung tätig sind."

Børge Dahle, Dozent im Bereich Friluftsliv an der „Norges Idrettshøgskole" in Oslo, hat Ende der 90 er Jahre ein Forschungsprojekt zum Thema „Naturverwaltung in der örtlichen Gesellschaft und Sozialisierung zum Friluftsliv" durchgeführt.
Danach gab es einen positiven Zusammenhang zwischen einem aktiven Friluftsliv und dem Engagement im Umweltschutz. Er schränkt jedoch ein, dass er nicht dokumentieren kann, dass dieses Engagement auch zu einem veränderten Umweltverhalten führt (vgl. Dahle 2000, S. 31).

Das Engagement im Umweltschutz wurde demnach in beiden Untersuchungen nachgewiesen, das veränderte Umweltbewusstsein hingegen kann als Konsequenz nur vermutet werden.
Nicht nur die schönen Erlebnisse, auch die sichtbare Zerstörung können das Umweltbewusstsein schulen. Für Nils Faarlund waren es die Folgen des Fortschritts und die damit verbundene Zerstörung der Natur, die er bei Bergfahrten in den 1960er Jahren registrierte und die ihn u.a. dazu anregten, die „Norges Høgfjellskole" zu gründen, um darüber eine „Bildungslücke" der naturvertrauten norwegischen Bevölkerung zu schließen (vgl. Larcher 2000, S. 8).

Kinder können auf Touren die Werte der Natur schätzen lernen. Natürliche Dinge, wie in die Flammen eines Feuers sehen, im Gras liegen und Wolkenbilder am Himmel deuten, Flüsse durchwaten, Tiere beobachten, gesammelte Pilze zubereiten, das Erkunden von Höhlen oder das Entdecken von Tierspuren, können bei Kindern eine bleibende Faszination auslösen.
Eindrucksvolle Naturerlebnisse bewirken ein Zugehörigkeitsgefühl und können Grundlagen für eine Natur- und Umweltbewusste Haltung legen. Das Erkennen der Bedeutung der Natur kann folgende Haltung bewirken (vgl. Erlandsen-Syrdahl 1998, S. 14):

1. Eindrucksvolle Naturerlebnisse	**Entwicklung der Haltung**
2. Entdecken der Vielfalt	
3. Zusammenhänge erfassen	
4. Beeinflussen und Mitwirken	
5. Verantwortung für die Zukunft übernehmen	

Abb. 3: Entwicklung der Haltung

In der Erlebnispädagogik beschränkt man sich in erster Linie auf ein ökologisch verträgliches Verhalten **während** der Aktivität in der Natur:
Teilnehmer sollen auf den Wegen bleiben, Sperrgebiete umgehen, Lärm vermeiden und keinen Müll hinterlassen (vgl. Kraus/Schwiersch 2005, S. 214–217).
„Bei Outdoor-Veranstaltungen ist der Ökologieaspekt, wenn überhaupt, nur latent vorhanden" (König/König 2005, S. 92).
Heckmair und Michl (vgl. 2002, S. 232) sehen die „ökologische Verträglichkeit" als ein vernachlässigtes Thema in der Erlebnispädagogik. Die Erlebnispädagogikspezialisten – fixiert auf die Weiterentwicklung ihrer inhaltlichen und methodischen Instrumente – haben hier immer noch Defizite.
„Im Jahr 2000 erwähnte gerade einmal die Hälfte aller Projektträger explizit oder implizit ökopädagogische Zielsetzungen" (Muff, zit. n. Heckmair/Michl 2002, S. 231 f).
Auch Anke Schlehufer (1995, S. 265) kommt zu dem Schluss, „ ... daß die Ökologiefrage und der Aspekt des ökologischen Lernens in der erlebnispädagogischen Theoriediskussion und auch in der Praxis oft noch eine sehr untergeordnete Rolle spielen".

Diese Literaturausschnitte verdeutlichen, dass das Begreifbarmachen der Folgen der Umweltschädigung in Deutschland wohl eher der Umwelt- oder Ökopädagogik überlassen wird.

Dass die Erlebnispädagogik nicht für die Umweltproblematiken „zuständig" ist, macht Hubert Kölsch (vgl. 1995, S. 222) deutlich:
Trotz einer zentralen Stellung fällt die Auseinandersetzung mit Natur und ökologischem Handeln in der erlebnispädagogischen Literatur gering aus. Der Begriff „Natur" wird im erlebnispädagogisch-alpinen Kontext verstanden. Es geht dabei nicht um globale Umwelt(schutz)-Problematiken, sondern um die spezifische Bedeutung von der Natur **für** die Erlebnispädagogik.

In der Erlebnispädagogik wird die Natur demnach als Erlebnis- und Erfahrungsraum betrachtet und der negative Bereich der weltweiten Umweltproblematiken größtenteils ausgeblendet. In der Friluftsliv-Pädagogik stehen hingegen beide Bereiche immer im Zusammenhang. Die Natur wird dabei im Kontext mit den weltweiten Umweltproblematiken gesehen, was zu einem tieferen Verständnis der Problematiken beiträgt.

3.2.3 Kritische Beurteilung von Alltagshandlungen

Friluftsliv soll dazu befähigen, Alltagshandlungen kritisch zu beurteilen. Das kann sich wie in 3.2.2 beschrieben auf ein umweltbewusstes Handeln beziehen. „Im ganzheitlichen Vollzug des Bergsports erwächst dem Menschen das Bedürfnis nach lebensbegleitendem und verantwortungsvollem Umgang mit den natürlichen Bedingungen allen Lebens“ (Schädle-Schardt 2000, S. 230).
Das (neu gewonnene) positive Verhältnis zur Natur würde hierbei in den Alltag des Einzelnen transferiert werden.
Die durch Gruppenprozesse im Friluftsliv erweiterte soziale Kompetenz kann sich zudem positiv auf die Interaktion in der Alltagswelt auswirken.
Die kritische Betrachtung von Handlungen im Alltag und ein verändertes Bewusstsein in Bezug auf zwischenmenschliche Verhältnisse lässt sich zusammengefasst als eine angestrebte Verhaltensänderung im Alltag bezeichnen.

3.2.4 Inspiration für einen anderen Lebensstil

„Die Freude an dem einfachen Leben mit wenig Mitteln kann an Bedeutung gewinnen, Respekt für alle Lebewesen hervorrufen, echte Freundschaften entwickeln, und das Verständnis für soziale Zusammenhänge kann geschult werden. Mit der Vorbereitung toller Naturerlebnisse können wir Kindern zeigen, dass es Alternativen zum herrschenden Kaufdruck gibt und ein Verständnis dafür geben, dass die Existenz und die freie Meinung nicht notwendigerweise von einem schnellen, materiellen Verbrauch abhängt“ (Bagøien 2003, S. 93 f).

Erwachsene hingegen – in unserer postmodernen Gesellschaft sozialisiert – haben bereits ihre eigenen, bzw. die Wertevorstellungen der Gesellschaft verinnerlicht. Das einfache Leben auf Touren kann Erwachsenen jedoch neue Möglichkeiten aufzeigen, zu innerer Ruhe zu gelangen und die Einmaligkeit des Lebens zu verdeutlichen. Die Wertevorstellung kann sich während der Dauer der Tour verändern, denn statt Besitztümern, Aussehen, Arbeitsstelle und Status in der Gesellschaft zählen unterwegs Klarsicht, Planung, Fitness, Kreativität und Durchhaltevermögen.
„Ein verantwortliches und richtig betriebenes Freiluftleben kann dazu beitragen, ... die Abhängigkeit vom Kommerz mit seinen materiellen Werten abzubauen. Freiluftleben kann hier aktivierend wirken und alternative Werte vermitteln“ (Weinholz 1989, S. 35).
Bei Friluftsliv-Unternehmungen sind zudem alle gleich wie sonst nie: Ob Manager, Sprengmeister oder Verkäufer, jeder muss beispielsweise einen Fluss durchwaten, wenn es auf der Route keine andere Möglichkeit der Überquerung gibt.

Die Thematik der verschobenen Wertevorstellung und der Gleichheit der Menschen in der Natur wurde im Zusammenhang mit Lars Monsen in 2.4.2 angesprochen und ausführlich erörtert.
Friluftsliv zeigt Erwachsenen neue Möglichkeiten auf, die mit in den Alltag genommen werden können. Wer die Natur schätzen gelernt hat, strebt im Alltag möglicherweise nicht ausschließlich nach mehr materiellen Besitztümern.
Diese Vorstellung hatte bereits Henry David Thoreau (1817 – 1862), der davon ausging, dass die Natur durch ihre Unmittelbarkeit dabei hilft, die eigentlichen Lebensbedürfnisse zu erkennen (s. 4.3.1).
Friluftsliv kann in Hinsicht auf einen anderen Lebensstil inspirieren: In innerer Hinsicht reicher, in äußerer Hinsicht schlichter.

3.2.5 Zusammenarbeit und Mitverantwortung durch Sachzwänge

Die Zusammenarbeit von Gruppenmitgliedern und die Übernahme von Verantwortung können auf Touren ideal geschult werden. Das „Setting" für Gruppenprozesse ist dabei durch die Natur selbst vorgegeben. Jahreszeitlich bedingt und je nach aktueller Wettersituation wechselnd ist der physische und psychische Druck auf die Gruppe mehr oder weniger groß. Eine Tour im Herbst durch waldiges Gelände fordert die Gruppe nicht so sehr wie eine winterliche Skitour, während der man in einen Schneesturm geraten kann. Mehr oder weniger dringend ergibt sich für eine Gruppe jedoch immer die Notwendigkeit, zielgerichtet und schnell zusammenzuarbeiten. Wenn beispielsweise eine Kleingruppe von vier Personen am Ende einer Tagesetappe einen Lagerplatz für ihr Zelt gefunden hat, setzen mehrere Arbeitsgänge parallel ein.
Durch die bevorstehende Nacht ist jedem Teilnehmer klar, dass gemeinsam gehandelt und das Lager organisiert werden muss. Vor dem Hintergrund der bevorstehenden Dunkelheit, ggf. auch Regen oder Sturm, muss die Aufgabenverteilung am Lagerplatz zügig organisiert werden. Die Kleingruppen organisieren sich dabei selbständig und unabhängig von den anderen Kleingruppen, die zur selben Zeit am selben Ort lagern werden (zur Gruppenaufteilung s. 3.4), da jede dieser Formierungen mit gleicher Ausrüstung unterwegs und deshalb autark ist. Dabei stellen alle fest, dass nicht nur die Tagestouren beschwerlich sein können, sondern auch die Vorbereitungen zur Übernachtung körperliche und mentale Anstrengungen erfordern. Jeder Einzelne ist erschöpft und sich im Klaren darüber, dass verschiedene Aufgaben erledigt werden müssen. Einige dieser Aufgaben sind kräftezehrender und unangenehmer als andere; aber erst nach Erledigung der verschiedenen Tätigkeiten beim „Lagermachen" wird die gemeinsame Übernachtung komfortabel werden.

Eine Übernachtung in der freien Natur stellt zusammengenommen eine verdichtete Lernsituation dar.

Folgende Dinge sind am Lagerplatz von den Gruppenteilnehmern zu organisieren:
- Die Dringlichkeit aller notwendigen Aktivitäten lässt sich nach dem „WWNSK-Schema" festlegen: WÄRME – WASSER – NAHRUNG – SCHUTZ – KONTAKT. Je nach Wetterlage, Geländebeschaffenheit und Gruppenkonstellation werden diese fünf Primärbedürfnisse in der situativ notwendigen Reihenfolge befriedigt.
- Es muss Wasser geholt werden. Sofern der Weg zur nächsten Wasserstelle mehr als 50 Meter beträgt oder das Gelände sehr unwegsam ist, sollte sich die Kleingruppe absprechen, dass einer alle Trinkflaschen in einem Packsack einsammelt und für alle Trinkwasser holt.
- Das Zelt muss aufgebaut werden. Wenn es wie in der o.g. Situation beschrieben windig ist, sollten 2 Personen beim Zeltaufbau zusammen arbeiten. Es kommt immer wieder vor, dass Zelte beim auf- oder abbauen vom Wind erfasst werden und davon wehen. Zusammenarbeit ist somit erforderlich. Ein Trick dabei ist, beispielsweise eine Abspannleine des Zeltes an einem Rucksack mit einem dafür geeigneten Knoten zu befestigen.
- Das Kochgeschirr und die Lebensmittel müssen ausgepackt werden. Für das spätere Kochen muss eine windgeschützte Stelle gesucht werden, da der Brennstoffverbrauch dort geringer ist.
- Im Sommer sollte auf ein Lagerfeuer mit der gesamten Gruppe keinesfalls verzichtet werden. Das Element Feuer gibt nicht nur Wärme. Feuer löst bei dem Menschen schon seit jeher eine besondere Faszination aus, zieht die Menschen in seinen Bann und strahlt Ruhe aus. Zudem kann nasse Ausrüstung am Feuer getrocknet werden, der kommende Tag in ruhiger Atmosphäre durchgesprochen und Reflexionsgespräche geführt werden. Die Faszination des Feuers könnte nach Lang (2006, S. 67) darin bestehen, „ … dass wir zwar die Wärme spüren und sein Licht sehen können, den verzehrenden Charakter des Feuers in der Asche erkennen können, aber niemals zugreifen können, wodurch das Feuer sich immer ein Stück 'Unfassbarkeit' bewahrt".

Die Lagerorganisation erfordert Teamarbeit und die Übernahme von Verantwortung. Es gibt hierbei viele mögliche Varianten der Organisation. Kleingruppen können die für sich besten Lösungen selbst finden, effektiv bei anderen Gruppen abgucken oder Tipps des Friluftsliv-Leiters einholen (s. 3.5). Egal, für welche Möglichkeit sich die Teilnehmer entscheiden, schult die Lagerorganisation durch die praktischen Tätigkeiten, die aufeinander abgestimmt sind und als Resultat einen komfortablen Lagerplatz entstehen lassen, die Fähigkeit zur Zusammenarbeit und zur Mitverantwortung als eine Voraussetzung für die persönliche Weiterentwicklung.

3.3 Aktivitäten und inhaltliche Arbeit

Die Aktivitäten der Friluftsliv-Pädagogik sind nach Tordsson (vgl. 1993, S. 35) eng verknüpft mit dem Erlebnis in der Natur, der Bedeutung des Erlebens für den Einzeln in Bezug auf Naturauffassung, Selbstwahrnehmung und sein Verhältnis zu anderen. In Kapitel 4 wird eingehend auf den Erlebnisbegriff und seine Bedeutung im Kontext mit Natur und Friluftsliv eingegangen. An dieser Stelle werden die verschiedenen Aktivitäten und damit verbundenen Inhalte im Friluftsliv vorgestellt. Die folgenden Aktivitäten, die im Zusammenhang mit der Vermittlung von Wissen und Kenntnissen stehen, sind Bestandteil des Unterrichts für Schüler im Hauptfach Friluftsliv an der Sogndal Folkehøgskule. Die Schwerpunkte variieren aufgrund unterschiedlicher Ausgangssituationen (geographische Lage) von Folkehøgskole zu Folkehøgskole.
Zunächst werden die Basiskenntnisse vorweggestellt, da diese als Voraussetzungen für die unterschiedlichen Aktivitäten im Friluftsliv gelten. In drei Beispielen (3.3.3, 3.3.7 und 3.3.9) wird auf die inhaltliche Arbeit vor, während und nach einer Tour eingegangen. Die anderen Beispiele werden aufgezählt.

3.3.1 Basiskenntnisse für Schüler im Bereich Friluftsliv (Sommer)

- Arbeit mit Karte und Kompass: Kurse abstecken, Höhenlinien deuten, Orientierung bei schlechter Sicht
- Grundkenntnisse Meteorologie: Vorherrschende Windrichtung und die Auswirkungen auf das Gelände, Hoch- und Tiefdruckgebiete
- Nahrungszusammensetzung und richtige Ernährung auf Touren
- Erste Hilfe (unterwegs)
- Hygiene
- Knotenkunde
- Regeln im Gebirge und Jedermannsrecht (s. 1.6)
- Verhalten bei Gefahr und Unglück
- Ausrüstungsgegenstände auf Touren, Vor- und Nachteile
- Die richtige Kleidung auf Touren, Vor- und Nachteile von Wolle und Fleece
- Effektives Packen des Rucksacks
- Feuer machen unter unterschiedlichen Voraussetzungen und Bedingungen
- Wahl des Lagerplatzes, Hinterlassen des Lagerplatzes
- Übernachtungen draußen: Zelt, Biwak oder Lavvo[22]
- Bedienung des Kochers, Verschiedene Kocherarten, Kochen auf offenem Feuer

22 Das Lavvo ist ein aus Nord-Norwegen stammendes samisches Spitzzelt, in dem je nach Größe zwischen 12 und 24 Personen übernachten können und das sich daher für Gruppenaktivitäten anbietet.

- Wegmarkierungen erkennen
- Vereine/Verbände rund ums Friluftsliv
- Wo können Informationen zu Wetter oder örtlichen Besonderheiten eingeholt werden?
- Wie hält man sich bei Kälte und Feuchtigkeit warm?

3.3.2 Basiskenntnisse für Schüler im Bereich Friluftsliv (Winter)

Das Grundwissen für Touren im Sommer muss vorhanden sein. Die inhaltliche Arbeit im Winter ist eine Ergänzung der im Sommer erworbenen Kenntnisse und Fertigkeiten.

- Unterkühlung und Erfrierungen
- Lawinengefahr, Ursachen und Rettung von Verunglückten
- Wetter und Auswirkungen auf die Schneeverhältnisse
- Orientierung bei schlechter Sicht
- Die richtige Skiausrüstung im Gelände: Richtiger Ski, Skiwachs, Bindung
- Spezialwissen wie Spurtreten beim Skilaufen, Bau eines Windschirms, Wegmarkierungen im Winter erkennen
- Schneeschuhwandern und Pulka ziehen[23]
- Besonderheiten der Ernährung auf Touren im Winter

3.3.3 Touren im Wald und auf der Hochebene

Inhaltliche Arbeit vor der Tour:
Die Tour wird grundsätzlich mit der gesamten Gruppe geplant. Dazu gehören folgende Vorbereitungen:

- Wahl der voraussichtlichen Strecke
- Mögliche Besonderheiten im Gelände wie Flussüberquerungen werden im Vorwege aus der Karte abgelesen
- Abstecken des voraussichtlichen Zeitrahmens
- Entscheidung, ob unter freiem Himmel oder im Zelt übernachtet werden soll
- Planung der mitzunehmenden Ausrüstung (beispielsweise die benötigte Brennstoffmenge)
- Ausrüstung kontrollieren und auf die Teilnehmer verteilen
- Einteilung von Kleingruppen
- Mahlzeitenplanung innerhalb der Kleingruppe

23 Die Pulka ist ein Gepäck-Schlitten, den ein Skiläufer mittels eines Geschirrs hinter sich her zieht.

Inhaltliche Arbeit während der Tour:

- Praktische Anwendung von Wandern mit Karte und Kompass. Rückmeldungen von den Teilnehmern an den Friluftsliv-Leiter und umgekehrt.
- Geländeformationen kennen lernen: Gedankliche Übertragung des Geländes auf die Karte.
- Kommunikation, beispielsweise wenn es darum geht, an welcher Stelle ein Fluss überquert, bzw. durchwatet werden soll.
- Wahl des richtigen Lagerplatzes in der Praxis.

Es gibt zahlreiche inhaltliche Themen, die von Tour zu Tour variieren können. Einige Beispiele dafür:

- Die Geschichte des Landesteils kann ein Thema sein. Auf Touren in Norwegen stößt man immer wieder auf verlassene Gehöfte oder andere verlassene Plätze in den Wäldern, die auf der Karte auch eingezeichnet sind. Ortskundige können darüber oft interessantes Hintergrundwissen vermitteln, wodurch den Teilnehmern die norwegische Geschichte näher gebracht wird.
- Flora und Fauna
- Tierspuren deuten
- Geländeformationen in Bezug auf die vorherrschende Windrichtung beurteilen
- Panoramaskizzen der Umgebung mit Hilfe des Kompasses und der Landkarte anfertigen
- Pilze oder Beeren sammeln und anschließend zubereiten

Die Themen sind nahezu unerschöpflich und werden vielfach von den Teilnehmern selbst eingebracht.

Inhaltliche Nachbereitung:

In einer anschließenden Reflexion kann beispielsweise folgenden Fragestellungen nachgegangen werden:

- Was wurde bei der Planung der Tour evtl. übersehen?
- Was könnte man bei der nächsten Tour besser oder anders machen?
- Was gelang gut/schlecht?
- Wie funktionierte(n) die (Klein)Gruppe(n)?
- Wurde inhaltlich/handwerklich/technisch alles verstanden?

Es kann unterwegs beispielsweise festgestellt werden, dass die Teilnehmer die Knoten, die für den Bau eines Biwaks zum Zusammenhalten der Äste/Stämme, auf der die Persenning befestigt wird, nicht sicher beherrschen. Dann muss dieses Thema ggf. noch einmal intensiviert werden.

3.3.4 Kanu- und Kajaktouren

Inhaltliche Themen, die vor und teilweise während einer Tour vermittelt werden müssen:

- Paddeltechniken
- Kameradenrettung in Theorie und Praxis
- Unterkühlungen
- Fließende Gewässer/Stille Gewässer
- Strömungen
- Gezeiten

3.3.5 Gebirge im Sommer

Die Tour wird mit der gesamten Gruppe geplant. Dazu gehört die Ausarbeitung der genauen Strecke auf der Karte. Bei Touren im Gebirge sind die Höhenlinien genau zu beachten, um so beurteilen zu können, welche Wegwahl überhaupt außerhalb von Pfaden und Wegen möglich ist. Denkbare örtliche Gefahren wie Steinschlag muss der Friluftsliv-Leiter mitteilen und ein entsprechendes Verhalten bei Gefahr abgesprochen werden.

Der Zeitrahmen für die Tagesetappen muss abgesteckt werden. Sofern es ins Hochgebirge geht, muss die möglicherweise zusätzlich mitzunehmende Ausrüstung wie Seil, Helm und Klettergurt abgesprochen, kontrolliert und aufgeteilt werden. Es muss eine Einführung in die Anwendung des Seils als Sicherungsmethode erfolgen.

Es werden Kleingruppen eingeteilt, die sich wieder selbständig um ihre Essensplanung und Ausrüstung kümmern.

3.3.6 Klettern

Einige inhaltliche Themen müssen schon vor der ersten Kletterroute vermittelt werden:

- Anwendung der Ausrüstung: Seil, Schlingen, Klettergurt und Helm
- Anwendung der Hardware: Klemmkeile, Klemmgeräte, Haken, Karabiner und Abseilgeräte (nicht alles ist beim ersten Klettereinsatz erforderlich)
- Sicherheit: Sicherungstechniken, Anseilmethoden, Abseilen
- Gefahren durch falschen Einsatz der Ausrüstung

Diese Gefahrenquelle kann am deutlichsten durch eine kleine Demonstration der falschen Anwendung verdeutlicht werden. Bei Seilumlenkungen an einem Standplatz dürfen Seile niemals direkt auf anderen synthetischen Materialien wie Reepschnur oder Bandschlinge verlaufen, da diese durch Schmelzverbrennungen reißen. Es muss daher immer ein Karabiner „zwischengeschaltet“ werden.

Die Schmelzverbrennung lässt sich durch schnelles Ineinanderreiben zweier Bandschlingen demonstrieren. Eine Bandschlinge reißt dabei nach weniger als einer Minute. Die daraus resultierende Gefahr bei einer falschen Anwendung wird unmittelbar verdeutlicht.

3.3.7 Gletscherwanderungen

Es ist sinnvoll, wenn die Teilnehmer einer Gletschertour schon Grundwissen über das Klettern mitbringen.
Das Thema Klettern sollte daher vor einer Gletschertour durchgenommen werden, um so die umfangreichen Lerninhalte auf Gletschertouren einschränken zu können.
Der Friluftsliv-Leiter sollte sich im Vorwege Gedanken darüber gemacht haben, ob die Nacht/Nächte auf dem Gletscher oder in unmittelbarer Nähe verbracht werden sollten. Wenn eine Gruppe das erste Mal auf einen Gletscher geht und das gesamte Wissen und die notwendigen Techniken neu erlernt werden müssen, ist es sinnvoll, einen Basislagerplatz nahe einer Gletscherzunge zu wählen, um sich besser auf die inhaltliche Arbeit zum Thema Gletscher konzentrieren zu können.

Inhaltliche Arbeit vor der Tour:

- Richtige Bedienung der zusätzlichen Ausrüstung wie Steigeisen, Seil, Gurt, Helm und Eisaxt.
- Die erforderlichen Knoten wie beispielsweise für das Einbinden in die Seilschaft müssen erlernt werden.
- Die Themen Schneeblindheit und Erfrierungen müssen angesprochen werden.
- Das Wetter kann auf einem Gletscher äußerst wechselhaft sein. Wetterumschwünge und das Verhalten bei Gewitter sollten besprochen werden.
- Die Orientierung auf einem Gletscher weist einige Besonderheiten auf und sollte daher besprochen werden.
- Das Thema „Rückgang der Gletscher“ kann aus ökologischer Sicht betrachtet werden.
- Theoretisches Wissen über die Entstehung von Gletschern sollte vermittelt werden.

Inhaltliche Arbeit während der Tour:

- Die richtige Einschätzung der während der Wanderung vorgefundenen Situation auf einem Gletscher kann geübt werden. Wo verbergen sich potentielle Gefahren?
- Bewegungstechniken, wie man richtig auf einem Gletscher geht, müssen geübt werden.

- Die Wegwahl auf einem Gletscher muss den Teilnehmern vermittelt werden. Gut ist es, wenn jeder Teilnehmer die Möglichkeit bekommt, die Seilschaft selbst einmal anzuführen und die Verantwortung der richtigen Wegwahl für die Gruppe zu übernehmen.
- Der Gebrauch von Steigeisen und Eisaxt wird geübt.
- Das Setzen von Eisschrauben als Sicherungsmethode wird angewendet.
- Die Spaltenbergung von Sturzopfern (Kameradenrettung und Sicherungstechniken) kann an einem praktischen Beispiel durchgeführt werden.
- Eisklettern kann angeboten werden.
- Geländeformationen in den Gletschertälern – geformt durch den Gletscher – können erläutert werden.

Inhaltliche Nachbereitung:
Bei mehrtägigen Touren sollte jeden Abend eine Reflexionsrunde stattfinden. Die Eindrücke auf Gletschertouren sind sehr intensiv, weswegen eine intensive Nachbereitung sinnvoll ist. Dabei kann beispielsweise folgenden Fragestellungen und Themen nachgegangen werden:

- Wie funktionieren die Seilschaften? Sollte diesbezüglich etwas verändert werden?
- Wurde alles verstanden?
- Rückmeldungen sollten von den Teilnehmern an den Friluftsliv-Leiter und von diesem an die Gruppe gegeben werden.
- Austausch der Erlebnisse der einzelnen Seilschaften. Gab es Unterschiede oder Probleme? – Gibt es Wünsche für den nächsten Tag?
- Obligatorisch muss die gesamte Ausrüstung auf Schäden kontrolliert werden.

3.3.8 Touren an der Küste

Inhaltliche Themen:

- Kultureller Hintergrund
- Einführung in die Seemannschaft durch das Vermitteln erforderlicher Knoten, Sicherheit auf dem Wasser und Navigation.
- Wetterkunde
- Gezeiten
- Hintergründe zur Fischerei, Traditionell und in der Modernen
- Durchführung von Rudertouren
- Segeln
- Manövertraining
- Fischen mit Netzen oder mit der Angel, anschließende Zubereitung

3.3.9 Touren im Winter

Inhaltliche Arbeit vor der Tour:
Die Tour wird auch hier mit der gesamten Gruppe geplant. Dazu gehören die Wahl der voraussichtlichen Strecke unter Berücksichtigung von Lawinengefahren und das Abstecken eines Zeitrahmens. Festgelegt wird, welche zusätzliche Ausrüstung, wie Schneespaten und Lawinensuchstange, mitgenommen werden muss. Es muss entschieden werden, ob im Schnee oder in einem Zelt übernachtet werden soll. Die Gruppe wird in autonome Kleingruppen aufgeteilt. Diese Gruppen teilen ihre Ausrüstung auf und nehmen für ihre Gruppe die Essensplanung vor. Bei der Essensplanung im Winter ist das besondere Bedürfnis nach Fett bei Kälte und eine größere Lebensmittelmenge zu berücksichtigen. „Der Tagesbedarf auf Winterwanderungen kann 5000 kcal betragen und manchmal 8000 oder noch mehr erreichen" (Höh 2000, S. 313). Außerdem ist im Winter eine größere Brennstoffmenge einzuplanen, da möglicherweise Schnee für Trinkwasser aufgetaut werden muss und der Brennstoffverbrauch bei Kälte generell höher ist.

Inhaltliche Arbeit während der Tour:
- Die praktische Anwendung des Wandern mit Karte und Kompass wird geübt. Rückmeldungen müssen von den Teilnehmern an den Friluftsliv-Leiter und umgekehrt gegeben werden.
- Die weiße Winterlandschaft hat den Nachteil, dass sich Geländeformationen nur sehr undeutlich erkennen lassen. Dies kann unterwegs geübt werden. Bäche sind gefroren und vom Schnee bedeckt, können aber mit etwas Übung anhand der Geländeformation ausgemacht werden.
- Ein relevantes Thema ist der Wärmehaushalt. Die richtige Kombination zwischen Bewegung und der Anzahl der Bekleidungsschichten ist entscheidend. Nie sollte man bei Touren im Winter ins Schwitzen kommen, um spätere Auskühlung bei Pausen zu vermeiden.
- Der richtige Lagerplatzes muss gewählt werden. Welcher Platz ist für ein Zelt im Winter wind- und wettergeschützt? An welcher Seite eines Hanges finden sich geeignete Schneewehen für den Bau einer Schneehöhle? Dieses Wissen kann während der Tour vermittelt werden.

Es gibt viele Themen, die auf Touren variieren können. Das Thema Lawinengefahr kann während einer Tour vertieft werden. So kann die vorherrschende Windrichtung anhand von Schneeverwehungen an Hängen beurteilt werden, was wiederum für die Einschätzung von Lawinengefahren wichtig ist. Die Lawinengefahr ist auf der windabgewandten Seite eines Hanges grundsätzlich höher.

Obwohl der Wind in Norwegen überwiegend aus West/Südwest weht, kann man windabgewandte Schneehänge in alle Himmelsrichtungen finden. Das liegt an den vielen kleinen Hügeln, die die Windrichtung an Hängen verändern können (vgl. Landrø 2007, S. 18).
Auf Tour kann, wie auf der folgenden Abbildung (vgl. Mytting/Bischoff 2003, S. 179) verdeutlicht, mittels zweier Skistöcke die Steigung eines Hanges ermittelt werden.

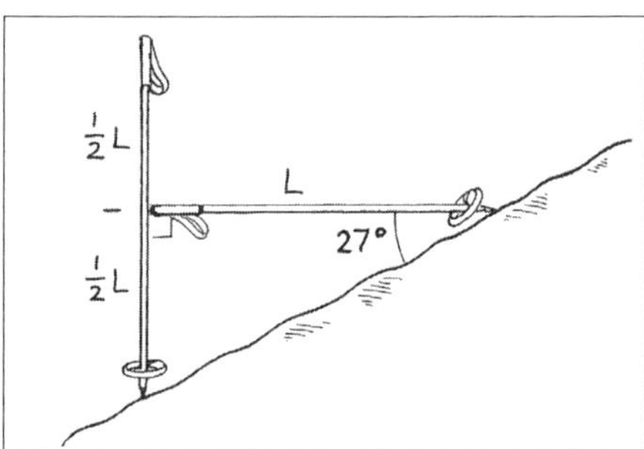

Abb. 4: Methode zur Einschätzung von Lawinengefahr

„Es ist unmöglich, eine Lawinengefahr zu 100 % hervorzusagen. Grundsätzlich können Lawinen bei jeder Schneedecke an Hängen mit einem Steigungsgrad von mehr als 30° entstehen" (Landrø 2007, S. 16). Neuschnee und hohe Temperaturen erhöhen die Gefahr von Lawinenabgängen.

Teilnehmer können auf Tour den Eindruck testen, unbeweglich unter einer Schneedecke zu liegen, indem sie sich am Boden liegend von der Gruppe zuschaufeln lassen. Schon bei einer Schneedecke von 40 bis 50 cm ist es dem Eingegrabenen nicht mehr möglich, aus eigener Kraft aufzustehen. Auch Bewegungen oder Rufe des „Opfers" können die Umstehenden weder sehen noch hören. Ein schwaches Rufen des Zugeschütteten ist nur wahrzunehmen, wenn man das Ohr im Schnee direkt an die Stelle des Kopfes vom „Opfer" legt. Durch dieses kleine Experiment werden die Naturgewalten, die eine Lawine mit sich bringt, verdeutlicht.

Inhaltliche Nachbereitung:
In einer anschließenden Reflexion kann beispielsweise folgenden Fragestellungen nachgegangen werden:
- Was wurde bei der Planung der Tour übersehen?
- Was könnte man bei der nächsten Tour besser oder anders machen?
- Wie funktionierte(n) die (Klein)Gruppe(n)?
- Wurde alles verstanden?

- Hat jemand tagsüber oder nachts gefroren? Es gibt viele effektive Möglichkeiten, um sich warm zu halten. So gehen 30 % der Wärme über den Kopf verloren. Es ist also ratsam, mit Mütze zu schlafen. Eine Trinkflasche, voll mit heißem Wasser in einen Strumpf gestopft, kann als Wärmflasche dienen.

Zu den Aktivitäten im Winter gehört zudem der Bau von Schneehöhlen, Flachgruben (Flatmarksgropen) und Iglus. Exemplarisch dafür wird in 3.4.2 ausführlich auf den Bau von Schneehöhlen eingegangen.

3.3.10 Zusatzfertigkeiten

Zusätzlich wird im Rahmen des Friluftsliv-Unterrichts zur eigenen Herstellung von Ausrüstungsgegenständen wie Gamaschen, Fausthandschuhen, Schlafsack-Inletts, Biwaksäcken oder Messerbau angeregt.
Vielfach ist im Rahmen des Unterrichts an Folkehøgskolen keine Zeit für die komplette Herstellung von Ausrüstungsgegenständen innerhalb der Unterrichtszeit, jedoch können Tipps und Anregungen gegeben werden, um Schüler dazu zu motivieren, sich allein oder in Gruppen in ihrer Freizeit mit der Herstellung von Ausrüstung zu beschäftigen. Im Idealfall gibt es ergänzend zum Friluftsliv-Unterricht Wahlfächer, die dies zum Inhalt haben. Die eigene Herstellung von Ausrüstungsgegenständen ist auf jeden Fall günstiger, als wenn man diese Produkte kauft. Zudem kann man sie auf seine individuellen Vorstellungen abstimmen.
Letztendlich wird die Einstellung der Teilnehmer im Hinblick auf Pflege und Werterhaltung der Ausrüstung positiv geprägt, wenn sie diese durch oft stundenlange Arbeit selbst gefertigt haben (vgl. Weinholz 1989, S. 35).

3.4 Bedeutung von Gruppen

Gruppen stellen im Friluftsliv eine praktische Arbeitsform dar. Die Gruppenarbeit wird als Methode eingesetzt, um Teilnehmer individuell in ihrer Entwicklung zu fördern (vgl. Tordsson 1993, S. 35). Die Gruppenarbeit als angewandte Methode im Friluftsliv wird in 3.7 beschrieben. In diesem Kapitel geht es um die Kleingruppenarbeit als Arbeitsform und als pädagogisches Instrument.
In vielen Fällen muss von einer Gruppengröße von 15–20 Personen ausgegangen werden (Organisierte Touren durch den DNT, Arbeit an Schulen, Folkehøgskolen, Gruppen der Universitäten, usw.). Diese Gruppen werden in kleinere Einheiten aufgeteilt, die hier als Kleingruppe bezeichnet wird und die meistens aus vier bis fünf Personen besteht.

Die Teilnehmer einer Kleingruppe teilen sich beispielsweise eine Unterkunft (Zelt, Schneehöhle oder Biwak), ggf. den Kocher; sie bildet eine Seilschaft und teilt sich weitere Ausrüstungsgegenstände, für die sie auch die Verantwortung trägt. Die Teilnehmer planen eigenständig ihre Mahlzeiten und berechnen die von ihnen benötigte Menge des Brennstoffes und der Lebensmittel.
Die Kleingruppe stellt nicht nur eine Arbeitsform dar; sie hat auch einen hohen Eigenwert. Der Mensch ist nach Gilsdorf (vgl. 2004, S. 324f) ein Kleingruppenwesen. Die Mitgliedschaft in einer Gruppe ist seiner Meinung nach für die Entwicklung des einzelnen Menschen von höchster Bedeutung, da sie einen Raum für Akzeptiertwerden und Angenommenwerden gibt.

Neben den persönlichen (Natur)Erlebnissen und der persönlichen Herausforderung für den Einzelnen wird jede dieser Kleingruppe auch vor die Herausforderung einer Gruppenfunktion gestellt.
Kommunikation innerhalb dieser Gemeinschaft ist wichtig und unabdingbar, damit die Gruppe (und damit nicht zuletzt die ganze Aktivität) funktioniert und es nicht zu Frustrationen kommt. Die Kommunikation der einzelnen Teilnehmer wird auf diese Weise geschult.
Ebenso ist ein Gruppenzusammenhalt unbedingt erforderlich. Fehlende Absprachen können sehr schnell zu unangenehmen oder gar gefährlichen Situationen führen, wie folgende Praxisbeispiele einer Friluftsliv-Gruppe der Sogndal Folkehøgskule zeigen:

- Beim Wandern mit Karte und Kompass verlassen sich Schüler darauf, dass die anderen den Überblick haben und behalten. Die Gruppe geht im unmarkierten Gelände „drauflos". Nach kurzer Zeit schon hat niemand mehr die Orientierung. Dem kann entgegengewirkt werden, indem bestimmte Schüler oder Kleingruppen als „Wegleiter" für einen bestimmten Wegabschnitt bestimmt werden.

- Im Winter ist es sehr wichtig, sich durch Bewegung möglichst warm zu halten. Auf einer 4-tägigen Skitour mit Zelt über einen Gletscher haben sich die vier Zeltgruppen morgens nicht abgesprochen, um die Zelte zeitgleich abzubauen. Eine Kleingruppe war gerade mit dem Packen der persönlichen Ausrüstung fertig, während die anderen drei Zeltgruppen mit ihren gepackten Rucksäcken im beißenden Wind im Schneegestöber warteten und auskühlten.

- Vor jeder Tour ist innerhalb der Zeltgruppe abzusprechen, wer für welche Ausrüstung oder die Mitnahme der Nahrung verantwortlich ist. Bei einem 2-tägigen Schneehöhlenbauprojekt in den Bergen hatte eine Kleingruppe keine Streichhölzer oder Feuerzeuge zum Anzünden ihres Petroleum-Kochers dabei. In diesem Fall konnten Teilnehmer aus anderen Kleingruppen aushelfen. Wären diese Teilnehmer allerdings unbedacht allein auf eine Übernachtungstour gegangen, hätte es sehr schnell zu einer lebensgefährlichen Situation kommen können, denn ohne Kocher kann kein Schnee zu Trinkwasser aufgetaut werden.

Jede einzelne Person ist auf Touren abhängig von der Gruppe und umgekehrt. Individuelles Engagement ist notwendig. Auch wenn sich nicht alle einig sind, lebt die Gruppe doch von den unterschiedlichen Beiträgen der einzelnen Teilnehmer. Die Hauptsache ist, dass die Gruppe darüber kommuniziert und im Ergebnis im sozialen wie auch im praktischen Bereich funktioniert.
„Jede Gruppe ist … eine Lernchance. Gruppen können eine heilsame Rolle für die Entwicklung und das Wachstum von Menschen spielen. Sie können gezielt von ihren Mitgliedern genutzt werden, die eigenen Denk- und Handlungsgewohnheiten zu überprüfen und alternative Möglichkeiten zu entwickeln" (Gilsdorf 2004, S. 325).

Die Sicherheit ist abhängig von einer funktionierenden Gruppe. Interner Zwiespalt und Feindschaft reduzieren die Chance, eine Krisen- oder Gefahrensituation bestmöglich abzuwenden oder ihr gegenüberzutreten.
Zusammenhalt ist das Ergebnis einer guten Kameradschaft auf Tour, von der die Gruppe profitiert.
„Die sich auf Tour ergebende Erfahrung des Zusammenlebens, der Zusammenarbeit und Kooperationsbereitschaft inklusiv der Aufgabenverteilung im Hinblick auf ein Teamwork mit den anderen Teilnehmern führt schnell zu einer ganz neuen Erfahrung eines „Wir"-Gefühls, das weit über den Zusammenhalt einer gewöhnlichen Gruppe/Clique hinausgeht, …" (Weinholz 1989, S. 48).

3.4.1 Teamwork gefordert: Die prägende Kraft des Winters

Der Winter hat eine besonders prägende Kraft in Bezug auf die Förderung von Teamfähigkeit, Gruppenzusammenhalt und das Funktionieren der Gruppe. Die winterliche Natur in Norwegen ist ein für Menschen lebensfeindlicher Raum. Eine Menschengruppe, die sich längere Zeit dort aufhält, ist in hohem Maße auf den Einsatz der einzelnen Mitglieder angewiesen. Bleibt ein solcher Einsatz aus oder sind Hard- und Softskills unzureichend vorhanden, kann eine Unternehmung schnell gefährlich werden und tödlich enden.

„Das **winterliche Gebirge** ruft von allen Feldern am deutlichsten das Gefühl des Respekts hervor. Es wird häufig als lebensfeindlich empfunden. Tatsächlich hat sich das Leben eingekapselt und zurückgezogen. Dies macht den Kontrast so deutlich: Eine Gruppe, die hinaus ins winterliche Gebirge zieht, kommt mit unsichtbarem, abwesendem Leben in Kontakt. Vor diesem Hintergrund wird die eigene Lebendigkeit und das Gruppenleben anders wahrgenommen. Eine Gruppe, die mit **Schneeschuhen** abseits der Zivilisation (z.B. Loipen- und Liftanlagen, Forstwegen) wandert, ist bereits eine kleine Überlebensgemeinschaft. Verschneiter Wald, knirschender Schnee, Stille und – je nachdem – Nebel, Kälte, Schneefall und nicht sichtbare Wegmarkierungen tun das ihre dazu … . Das winterliche Umfeld moderiert gruppeninterne Konflikte eher herunter; das Verhalten der einzelnen Gruppenmitglieder wird homogenisiert – dicke Kleidung und das ungewohnte Gehen in Schneeschuhen sind keine Einladungen zu Scherzen und Spielen oder zum 'aus der Reihe tanzen'" (Kraus/Schwiersch 2005, S. 61 f).

Die Herausforderungen des Winters haben eine besonders intensive und nachhaltige Kraft. Das Wissen um Orientierung, richtige Kleidung, Ausrüstung und Lawinengefahren wird auf eine besondere Probe gestellt. Umgebung, Kälte und Gefährdung im winterlichen Gebirge sind real und keine künstliche Situation, kein „Setting". Kann man auf Sommertouren, beim Klettern oder Kanutouren eine Unternehmung ggf. noch abbrechen, so ist dies im Winter oft nicht unmittelbar möglich. Die Wirklichkeit der Situation wird den Gruppenteilnehmern schnell klar, wenn sie auf Skiern, mit einem großen Rucksack auf dem Rücken, die Kapuzen dicht zugezogen – so dass nur noch Nase und Augen zu sehen sind – im beißenden Wind oder Schneegestöber stehen und über eine schier endlose Winterlandschaft ohne Ansätze einer Zivilisation blicken.
„Das Erleben der Natur nimmt in einer solchen Umgebung eine Intensität an, die den Jugendlichen 'beeindruckt', 'überwältigt', 'erregt' und ihm 'die Augen öffnet'" (Schwarz 1968, S. 160).
In einem solchen Wintergelände stellen sich die Skiläufer bei Trinkpausen dichtgedrängt in einen Halbkreis mit dem Rücken zum Wind, um größtmöglichen Schutz zu bekommen. Alle Skifahrer sind nun in der gleichen Situation, jeder versucht sich warm zu halten, jeder wird sich freuen, wenn ihm ein Kamerad einen Schluck Tee oder Kakao aus seiner Thermos-Kanne anbietet, wenn eine Tafel Schokolade herum gereicht wird (die man vielleicht gerade selbst heute mal nicht dabei hat) oder einem mit einer Scheibe Käsebrot ausgeholfen wird, weil die Marmelade auf dem eigenen Brot gefroren ist.
Das sind Situationen, die den Gruppenzusammenhalt in einem hohen Maße festigen, die Gruppe zusammenschweißt und die Tour zu einem gemeinsamen, unvergesslichen Erlebnis werden lässt, denn letztendlich haben die Teilnehmer gemeinsam etwas in der harten, winterlichen Natur erlebt, gefährliche Situation durchgestanden und gemeistert.

Naturerlebnisse können gerade im Winter äußerst prägend sein. Das winterliche Gebirge, verbunden mit Aktivitäten wie dem Bau einer Schneehöhle, kann für Gruppen zu einem unvergessenen Erlebnis werden und den Gruppenzusammenhalt stark fördern.

3.4.2 Schneehöhlenbau als Förderung des Gruppenzusammenhalts

Im Winter ist ein Schneebiwak dem Übernachten im Zelt grundsätzlich vorzuziehen. Die Nachteile eines Zeltes im winterlichen Gebirge sind zusammengefasst: Eine teure Anschaffung, da das Zelt einen Schneefang haben muss und extra Schneeheringe erforderlich sind, es ist schwer zu tragen, und es ist ein Extremschlafsack notwendig. Die Temperatur im Zelt entspricht nahezu der Außentemperatur, der Zeltaufbau ist bei Schlechtwetter (Wind) schwierig und zeitraubend und man muss zusätzlich einen Windschirm[24] schaufeln.
Eine Übernachtung im Schnee hat dagegen viele Vorteile: Es ist bis auf eine Schneesäge[25] keine Zusatzausrüstung erforderlich, Schneeschaufel und Lawinensonde sind im Winter ohnehin notwendige Ausrüstungsgegenstände, die immer im Gepäck sind. Man befindet sich im Schnee abgeschirmt von eventuellem Unwetter, in der Höhle ist es bei einer Temperatur zwischen 0° und +4° Celsius windstill und eine Kerze reicht aus, um den Raum zu erleuchten.

Der Bau einer Schneehöhle ist eine gruppendynamische Methode, die den Gruppenzusammenhalt fördert. „Gruppendynamik ist das (spezifische) Handeln in und mit Gruppen“ (Geißler/Hege 1992, S. 141).
Absprachen sind sofort, nachdem ein Lagerplatz für den Bau der Schneehöhle(n) bestimmt wurde, erforderlich. Um einen gemütlichen Aufenthalt am Lagerplatz und eine angenehme Nacht verbringen zu können, ist ein systematisches Vorgehen in der richtigen Reihenfolge von Beginn an notwendig:

- Die Ausrüstung muss an einem Ort gesammelt sein.
- Die Rucksäcke müssen geschlossen sein und die Ausrüstung darf nicht im Schnee herum liegen, da ansonsten beim Schneehöhlenbau die Gefahr des „Zuschaufelns“ besteht.
- Jeder muss in den Arbeitspausen Zugang zu Trinkwasser haben. Ggf. muss Schnee für Trinkwasser auf dem Kocher aufgetaut werden.
- Für die Pausen beim Graben sollte eine Stelle ausgesucht werden, an der ggf. ein Windschirm errichtet werden kann.

---

24 Ein Windschirm ist eine Art Schneemauer, die auf der Luvseite, also der windzugewandten Seite des Zeltes, als Wind-schutz angehäuft wird.

25 Besser noch funktioniert ein „Fuchsschwanz“, der im Baumarkt günstig zu kaufen ist.

- Wer Fußsäcke[26] hat, sollte diese anziehen, bevor mit dem Graben begonnen wird. Ehe man in die Fußsäcke schlüpft sollte daran gedacht werden, den Schnee von den Stiefeln abzubürsten (vgl. Melbye 1997, S. 77).

Die Gruppe sollte absprechen, welche Kleingruppe an welcher Stelle ihre Schneehöhle in die Schneewehe hinein gräbt, so dass alle Höhlen ausreichend Abstand zueinander haben, wenn der Innenraum später in die Breite ausgehöhlt wird.

Je nach Gelände und Schneeformationen gibt es verschiedene Biwakiermöglichkeiten im Schnee. Neben den bekannten Formen Iglu und Schneehöhle gibt es noch andere Varianten, wie beispielsweise die „Flatmarksgrop", die nach unten gegraben wird oder die „Kantgrop", die ähnlich wie die klassische Schneehöhle in eine Schneewehe hinein gegraben wird.
Bei der klassischen Schneehöhle gräbt man zunächst einen Tunnel von etwa 3 m Länge in eine Schneewehe hinein. Dann beginnt man auf beiden Seiten des Tunnels höher gelegene Flächen auszuhöhlen. Durch den Gang ist ein bequemes Graben möglich. Ein Teilnehmer kann im Gang graben und den Schnee nach hinten schaufeln, ein anderer kann den Schnee weiter nach draußen befördern, wo sich sehr schnell unglaubliche Schneemengen ansammeln. Die Höhle wird nach oben kuppelförmig ausgehöhlt. Der Eingang wird mit Schneeblöcken abgedeckt und nur der untere Bereich wird als Tunnel genutzt, bzw. zu einem solchen verlängert. Die Schneeblöcke, zur Abdeckung des Eingangs, werden mit der Schneesäge zurecht gesägt.
Wenn zwei Personen in der Höhle graben, eine Person mit dem Wegschaufeln der Schneemassen vor dem Höhleneingang beschäftigt ist und eine weitere Person sich ausruht oder Wasser auf dem Kocher auftaut, ist eine Kleingruppe gut beschäftigt. Natürlich muss die Kleingruppe sich auf ein Rotationssystem einigen, damit die beiden im Freien Schnee schaufelnden oder Wasser kochenden Teilnehmer nicht auskühlen und die Teilnehmer, die im Schneeloch schaufeln, nicht zu sehr ins Schwitzen geraten, da sie dadurch später frieren und auskühlen würden.

26 Fußsäcke sind eine Art „Riesen-Gamasche". Sie werden über die Schuhe und Beine gezogen und reichen bis zur Mitte der Oberschenkel. Mit diesen Fußsäcken kann man im Schnee knien, um die zu Beginn enge Schneehöhle zu schaufeln, ohne nass und kalt zu werden.

Abb. 5: Gruppenteilnehmer beim Bau von Schneehöhlen (Foto: S.B)

Kommunikation und Absprachen sind erforderlich. Es ist sinnvoll, an zwei Eingängen zu graben, dann beim Aushöhlen der Liegefläche aufeinander zuzugraben und anschließend einen Eingang wieder zu verschließen. So können zu Beginn der Bauphase zwei Personen an der Schneehöhle graben, wodurch die Fertigstellung beschleunigt wird. Auch bei dieser Möglichkeit kann es zu Fehlern mit fatalen Folgen kommen:
Die Eingänge müssen auf selber Höhe angelegt werden und beim Anlegen der höher gelegenen Schlaffläche, bei der von beiden Schneelöchern aus aufeinander zugegraben wird, muss die Höhe genau abgesprochen werden. Das Ergebnis kann ansonsten eine Liegefläche sein, die eher einer Rutsche ähnelt und die im nachhinein nur schwierig auszubessern ist.

Nach Kraus und Schwiersch (2005, S. 62) ist „ ... ein **Schneehöhlenbiwak** ... die erlebnispädagogische Gestalt zur Förderung des Gruppenzusammenhalts. Durch die 'drohende Nacht'... wird die Situation auf die Spitze getrieben. Die 'Zukunft' (die Frage: Wie verbringen wir die Nacht?) ist für alle offen. Das Gelingen des Schneehöhlenbaus hängt zwingend vom Beitrag aller ab. Hier können Selbststeuerungsprozesse einsetzen: Abwechseln beim Schaufeln, Essensvorbereitung etc. Die Dynamik dieser Gestalt ist so stark, daß schieflaufende Selbststeuerungsprozesse entweder kurz und heftig explodieren (z.B. entzündet sich an Mißgeschicken der Streit über die jeweiligen Bereitschaften, sich einzusetzen) oder sie lediglich registriert werden und der Ausgleich auf später verschoben wird. Reflexionen an Ort und Stelle werden aufgabenzentriert verlaufen. Insgesamt kann das Schneehöhlenbiwak zu einem Höhepunkt der Geschichte einer Gruppe werden."

Folgende Effekte, bzw. Reaktionen können zusammengefasst beobachtet werden:
- Teamarbeit, Kommunikation und Organisation sind erforderlich.
- Die bevorstehende Nacht kann als Bedrohung wahrgenommen werden. Die Authentizität der Situation wird dadurch deutlich.
- Improvisation ist erforderlich, wenn beispielsweise die Gruppe beim Graben feststellt, dass die Schneewehe nicht so weit in die Tiefe geht wie vermutet und man beim Graben irgendwann auf Fels stößt.
- Kreativität wird entdeckt: Die Teilnehmer beginnen, die Inneneinrichtung der Schneehöhle kreativ zu gestalten (Nischen für Kerzen, Küchenecke, „Toilette")
- Das Wetter wird sehr bewusst wahrgenommen. – Wetterverschlechterungen werden von den Teilnehmern sehr genau und kritisch beobachtet.

3.4.3 Gruppenkonflikte

„Friluftsliv beinhaltet nicht nur Naturerlebnisse und persönliche Herausforderungen. Wenn mehrere zusammen auf Tour gehen, gilt es zu kommunizieren, damit die Gruppe funktioniert und es zu einem Nutzen anstatt zu einem (Wett) Kampf kommt" (Bursell 2004, S. 236).

Während langer, beschwerlicher Touren wird die Kameradschaft auf eine harte Probe gestellt. Missstimmungen, Unbehaglichkeiten und Unlust können schnell Konfrontationen zwischen den Teilnehmern auslösen.

Die Laune der Teilnehmer und der damit verbundene Toleranzpegel können durch folgende Faktoren negativ beeinflusst werden, ohne dass andere Teilnehmer den Grund dieses Stimmungswechsels bemerken:
- Blasen an den Füßen
- Nasse Kleidung/Regenwetter
- Furcht vor einer kalten Nacht
- Zweifel (Die Frage nach einer möglichen Überforderung)
- Müdigkeit
- Gruppendruck
- Subjektives Empfinden, überproportional viel Gemeinschaftsgepäck im eigenen Rucksack zu haben

Kleinigkeiten werden dann schnell zum Auslöser für einen Streit zwischen einzelnen Teilnehmern oder der gesamten Gruppe. So können andere Gruppenteilnehmer auf bestimmte Handlungen ablehnend reagieren. Auf Tour kann man sich dann schlecht aus dem Weg gehen, die Gruppe sollte dies aber mit tragen können und Toleranz zeigen. Konflikte sind von allen Teilnehmern gemeinsam zu lösen, da sie keine Möglichkeit haben, vor ihnen zu flüchten. Das „Nicht flüchten können" ist ein wesentlicher Unterschied im Gegensatz zu Konflikten im Alltagsleben.
Der Friluftsliv-Leiter muss mit Konfliktsituationen professionell umgehen können. Es ist nicht erforderlich, jeden Konflikt grundsätzlich zu umgehen. Konflikte können eine Gruppe auch bereichern. Kompetenz auf der Ebene der Meta Skills (s. 3.5) wie Kommunikationsfähigkeit, Problem- und Konfliktbewältigungsstrategien, Moderation und gesunder Menschenverstand werden hier vom Friluftsliv-Leiter gefordert. Abendlich stattfindende Reflexionsrunden (s. 3.8) dienen der Bearbeitung des Erlebten und können dabei helfen, entstandene Konflikte zu lösen.

3.5 Leitungsformen

Tordsson (vgl. 1993, S. 35) spricht der Form der Leitung eine besondere Bedeutung für die Vermittlung von Friluftsliv zu. Er wirft diesbezüglich die folgenden zwei Fragen auf:

- Welche unterschiedlichen Funktionen beinhaltet Gruppenleitung und welche Unterschiede gibt es zu anderen Formen der Gruppenleitung?
- Welche Eigenschaften sollte ein Leiter für sich selbst und die anderen entwickeln?

Im Friluftsliv wird die Gruppenleitung als „Vegledning"[27] bezeichnet. Die deutsche Übersetzung „Wegleitung" gibt den Inhalt des norwegischen Begriffs des „Vegledning" nicht aussagekräftig wieder. Die Leitungsform „Vegledning" unterscheidet sich von anderen Formen einer Gruppenleitung und gilt gleichzeitig als Methode im Friluftsliv (s. 3.7). Der „Vegleder" wird von Gundersen und Østrem (vgl. 2007, S. 67) als jemand mit pädagogischen Kenntnissen definiert, der eine Gruppe bei einer Aktivität in der Natur betreut.

Die freie Übersetzung „Friluftsliv-Leiter", wie sie hier verwendet wir, definiert das Profil der Leitungsperson am ehesten.

27 Deutsche Übersetzung: Wegleitung

3.5.1 Vegledning

Verschiedene Friluftsliv-Leiter an Folkehøgskolen gaben an, dass es standardisierte Anforderungen an die Leitungspersonen gibt. Der Friluftsliv-Leiter ist Teilnehmer im Gruppengeschehen, jedoch mit einer besonderen Stellung. Er gibt aus dieser Position eine Orientierung, er muss Situationen beurteilen, beobachten und Anregungen geben und er sollte Problemlösungen aufzeigen können. Er sollte sich einerseits zurück nehmen können und andererseits als letzte Möglichkeit eingreifen, wenn die Gruppe eine falsche, möglicherweise gefährliche Entscheidung beispielsweise bei der Wegwahl im Wintergelände getroffen hat.
Der Friluftsliv-Leiter ist nicht nur ein Teil des Gruppengeschehens, sondern auch ein Teil einer Kleingruppe, die sich Unterkunft, Kocher und weitere Ausrüstung teilt, sowie sich innerhalb dieser Kleingruppe selbst organisiert. Das heißt jedoch nicht, dass der Friluftsliv-Leiter innerhalb dieser Kleingruppe der Anführer ist, denn er muss sich wie beschrieben zurücknehmen können.

Durch eine positive Grundeinstellung und Lob gegenüber den Teilnehmern bei guten Leistungen, kann er diese in unterschiedlichen Situationen motivieren. Der Friluftsliv-Leiter muss in jeder Situation die Kontrolle über das Geschehen behalten. Die Verantwortung ist identisch mit der in der Erlebnispädagogik. „Die pädagogische Verantwortung verlangt, sich zu kümmern, um was sich gekümmert werden kann (z.B. vor einer Tour den Wetterbericht abzurufen, das Material zu planen, die Wolkenentwicklung zu beobachten und potentielle Gruppenprozesse abzuschätzen) …“ (Kraus/Schwiersch 2005, S. 48).

Es kann aber auch zu Situationen kommen, auf deren Entstehung der Friluftsliv-Leiter keinen Einfluss hat.
Einige Beispiele für solche Situationen sind:

- Lawinenabgänge trotz Prüfung und Ausschluss einer Gefahr
- Unfälle durch Fehltritte
- Erkrankungen (Eigene oder von Teilnehmern)
- Verlust oder Vergessen von Ausrüstungsgegenständen
- Materialbruch (z.B. Ski) oder Materialverlust (z.B. Schrauben von der Skibindung)

Auf mögliche unvorhersehbare Umstände muss er unmittelbar und adäquat reagieren können. Dies kann schwierig sein, wie das folgende Beispiel einer Situation einer Friluftsliv-Gruppe der Sogndal Folkehøgskule zeigt:
Während einer Zelt-Übernachtungstour im Sogndalsdalen, wo aufgrund des ersten Schneefalls des Winters schlechte Sichtverhältnisse herrschten, verschwand nachts unbemerkt von der Zeltgruppe ein Schüler, der sich auf einem nächtlichen „Toilettengang“ im Schneegestöber verirrt hatte.

Dieser Schüler trug ausreichend Kleidung und hatte sein Mobiltelefon dabei. Er rief seine Eltern an, da er die Telefonnummer des Friluftsliv-Leiters nicht gespeichert hatte. Die Eltern setzten sich mit der Direktorin der Sogndal Folkehøgskule in Verbindung, welche versuchte, den Friluftsliv-Leiter oder andere Teilnehmer der Tour über Mobiltelefone zu erreichen. – Diese hatten in ihren Zelten im Gegensatz zu dem verirrten Schüler keine Netzabdeckung. Daraufhin wurde über die örtliche Polizei eine Helikopter-Rettungsaktion für den nächsten Morgen organisiert.
Der Friluftsliv-Leiter bemerkte im Morgengrauen das Verschwinden des Schülers. Da keine Fußspuren im Neuschnee gesehen wurden, musste der Schüler schon lange verschwunden sein. Die Situation war folglich sehr ernst. Der Leiter organisierte mit einigen Schülern eine Suchaktion, während andere Teilnehmer Heißgetränke für den Vermissten vorbereiteten. Der Schüler wurde schnell gefunden, leicht unterkühlt zu den Zelten gebracht und versorgt.
Obwohl alle Schüler eine Liste sämtlicher relevanter Telefonnummern bekommen hatten und Regeln für das Verlassen der Zelte bei Toilettengängen bestanden, geschah dieser Vorfall. Die Fehlerquelle war der Schüler selbst, der die Rufnummern nicht gespeichert hatte und sich bei seinem „Toilettengang" zu weit von den Zelten entfernte. Zudem hatte der Friluftsliv-Leiter im Zelt einige Meter weiter keine Netzabdeckung mehr.

Dieses Beispiel macht die Unvorhersehbarkeit von Ereignissen in einer Gruppe deutlich. Der Friluftsliv-Leiter, der für die Sicherheit der Teilnehmer verantwortlich ist, muss für solche und ähnliche, von ihm nicht verschuldeten Situationen ein geeignetes Handlungsrepertoire zur Verfügung haben und dieses unmittelbar umsetzen können.

Die Ursprünge des Vegledning als Leitungsform im Friluftsliv sowie das Vegledning als pädagogische Arbeitsmethode sind auf Nils Faarlund und die Gründung seiner Hochgebirgsschule zurückzuführen. Folgende Anforderungen sind nach Faarlund (vgl. 1973, S. 50) an den Friluftsliv-Leiter zu stellen:

1. Die Ziele der Ausbildung und die Voraussetzungen, die die Teilnehmer mitbringen, müssen bekannt sein.
2. Übungsanleitungen und die Haltung gegenüber der Natur sind ebenso wichtig wie eigene Fertigkeiten in unterschiedlichen Bereichen.
3. Die Tätigkeiten der Gruppe müssen kontinuierlich beobachtet werden. Rückmeldungen mit konstruktiver Kritik müssen bei falschem Handeln sofort gegeben werden.
4. Die Tätigkeiten der Gruppe können ggf. entsprechend der Ziele über eine Vertrauensperson gesteuert werden.

5. Wenn die Gruppe beispielsweise eine Gefahr nicht realistisch einschätzt und die Vertrauensperson nicht imstande ist, die Bedrohung abzuwenden, greift der Friluftsliv-Leiter korrigierend ein.
6. Als letzte Instanz trägt der Friluftsliv-Leiter die Verantwortung für die Sicherheit der Gruppe und muss daher ein Auge darauf haben, dass kein Teilnehmer verloren geht, dass es allen gut geht und er muss immer auf der Wanderkarte mitverfolgen, wo sich die Gruppe befindet.

Zusammengefasst geht es demnach um folgende Anforderungen und Qualitäten, die an den Friluftsliv-Leiter zu stellen sind:

Abb. 6: Friluftsliv-Leiter: Anforderungen und Qualitäten (Foto: S.B.)

3.5.2 Outdoor Adventure Leader

Im Bereich „Experiantal Education“ werden die Fähigkeiten, die ein „Outdoor Adventure Leader“ mit sich bringen muss, nach Priest und Gass (vgl. 1997, S. XVII) in drei Bereiche unterteilt:

1. Hard Skills (Technische, Sicherheits- und Umweltkompetenz): Fachliches Wissen wie Orientierung und Klettertechniken, Sicherheitstechniken und Erste Hilfe, Organisatorische Fähigkeiten
2. Soft Skills (Instruktions- und Organisationskompetenz): Gruppen- und Zielorientiertes Arbeiten, Didaktische Fähigkeiten, Moderation
3. Meta Skills (Persönlichkeit): Kommunikationsfähigkeit, Eröffnung von Möglichkeiten, Selbstreflexion

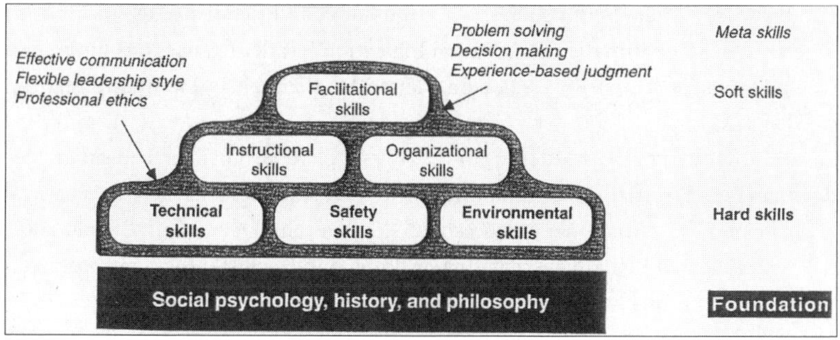

Abb. 7: Skills nach Priest/Gass (1997, S. XVII)

Die Hard Skills und Soft Skills vermischen sich untereinander. Die Meta Skills werden bei Priest und Gass (vgl. 1997, S. XVII) als höchste Kompetenz bezeichnet, da sie bei korrekter Anwendung die höchste Effektivität von allen Kompetenzen genießt. Meta Skills verbinden die Hard Skills und die Soft Skills.

3.5.3 Der Erlebnispädagoge

Für die Erlebnispädagogik, wie sie im deutschsprachigem Raum begriffen wird, hat Annette Reiners (vgl. 1995, S. 94 ff) eine ähnliche Unterteilung vorgenommen, wie Priest und Gass im amerikanischen Raum. Sie gliedert das Kompetenzprofil eines Erlebnispädagogen wie folgt auf:

- Hard Skills: Zusammensetzung aus technisch-instrumentellem Wissen (Fachsportliche Kompetenz), Wissen um Sicherheitsstandards (Erste Hilfe, Wetterinterpretation), Kenntnisse von umweltbezogenen Faktoren
- Soft Skills: Organisatorische Fähigkeiten, Pädagogische Fähigkeiten wie Betreuer- und Anleitungskenntnisse, „Helfer"-Qualitäten (Kriseninterventionstechniken, Vorbildfunktion)
- Meta Skills: Kommunikationsfähigkeit, flexibler Führungsstil, Problem- und Konfliktbewältigungsstrategien, gesunder Menschenverstand, ethisches Denken

3.5.4 Die Anforderungsprofile der Leitung im Vergleich

Faarlund nennt in seinem Qualitäts- und Anforderungsprofil an den Friluftsliv-Leiter zwar nicht explizit Hard-, Soft- und Metaskills, seine einzelnen Anforderungen lassen sich jedoch in die im deutschen und amerikanischen Sprachraum verwendeten Unterteilungen einordnen.

Die Friluftsliv-Pädagogik benennt im Gegensatz zur Erlebnispädagogik und im amerikanischen Raum die „Experiantal Education“ eindeutig, dass das Eingreifen in eine Situation/einen Prozess erst als letzte Möglichkeit in Erwägung gezogen werden soll.
Der Friluftsliv-Leiter vermittelt zwar das Wissen, hält sich bei der Umsetzung jedoch zurück. Friluftsliv ist ein handlungs- und erfahrungsorientierter Ansatz (s. 3.11), bei der die Teilnehmer entsprechend des von John Dewey (vgl. Bittner 2001, S. 9) entwickelten Prinzip des learning by doing durch selbständiges ausprobieren zu einem Lernerfolg kommen.

Das Kompetenzprofil der erlebnispädagogischen Leitung im deutschen und amerikanischen Raum nennt im oben beschriebenen Profil das Beobachten und Eingreifen als letzte Möglichkeit nicht. Ausgehend davon, dass John Dewey als Wegbereiter der modernen Erlebnispädagogik gilt, spricht vieles dafür, dass auch in Deutschland und den USA im Sinne von learning by doing den Teilnehmern Raum zum selbständigen Ausprobieren gegeben wird, was ein Beobachten und Vermeiden vom Eingreifen seitens des Leiters impliziert.

Weiter fällt auf, dass Reiners sowie Priest und Gass zwar Kenntnisse von umweltschädlichen Faktoren benennen, Anette Reiners sich in ihrer Ausführung aber ausschließlich auf das Verhalten während der erlebnispädagogischen Einheit und nicht auf den Transfer bezieht.
„Ein Betreuer muß umweltschädliche (besonders von Teilnehmern ausgelöste) Faktoren erkennen können und zu vermeiden wissen. Er sollte versuchen, so umweltschonend wie nur möglich mit der Gruppe die Erlebnisräume der Natur zu nützen“ (Reiners 1995, S. 95).

Bei den Anforderungen, die an den Friluftsliv-Leiter gestellt werden, wird der Punkt „Kenntnisse über umweltschädliche Faktoren“ nicht wörtlich benannt, Kenntnisse darüber werden sich jedoch in dem Punkt "Haltung“ verbergen, denn im Friluftsliv stellt die Erziehung und das Lernen zu einem umweltbewussten Handeln, wie in 3.2.2 ausführlich beschrieben, ein wichtiges Ziel dar.

Insgesamt ähneln sich die hier beschriebenen Anforderungsprofile an die Leiter, bis auf den oben beschriebenen Gegensatz.
Soft- und Metaskills wie beispielsweise didaktische Fähigkeiten, Kommunikationsfähigkeit und organisatorische Fähigkeiten werden auch einem Friluftsliv-Leiter abverlangt. Lediglich die Hard Skills, das fachliche Wissen in Spezialgebieten wie Klettertechniken, Seemannschaft oder der Bereich der Aktivitäten im Winter, können durch geographische Gegebenheiten variieren.

3.6 Lernziele

Die Gestaltung der Aktivitäten steht in Abhängigkeit der Lernziele, die in der Friluftsliv-Pädagogik angestrebt werden. Diese können individuell variieren, es gibt jedoch allgemein gefasste Lernziele, die überwiegend im Bereich der Kompetenzentwicklung liegen.

Die Friluftsliv-Pädagogik kommt überwiegend über Verbände und Vereine, Schulen, Hochschulen, Universitäten oder bei kommerziellen Anbietern zur Anwendung.
Da Friluftsliv bisher nur in einem sehr geringen Umfang zur Resozialisierung, in der Nachsorge von ehemals Drogenabhängigen oder im Rahmen von Erziehungshilfen angeboten wird, wird auf die sich daraus ergebenden speziellen Lernziele hier nicht eingegangen.
Die Teilnehmer der zuvor genannten Institutionen weisen in der Regel keine schwerwiegenden Dysfunktionalitäten im Persönlichkeitsbereich auf.

Im Friluftsliv-Ansatz steht die Nutzbarmachung der Kombination Natur, Sport und Bewegung für vielfältige Lern- und Erfahrungsprozesse im Vordergrund. Angestrebt werden danach folgende Lernziele:

- Individuelle Sinnfindung
- Individuelles Wohlbefinden
- Autonome und selbstbestimmte Handlungsfähigkeit
- Verbesserung der Wahrnehmungsfähigkeit
- Erweiterung der Bewegungserfahrung
- Aufbau eines ausgeprägten Gesundheitsbewusstseins
- Verbesserung von Kommunikations- und Verständigungsbereitschaft
- Verbesserung der Teamfähigkeit

(vgl. Buschmann/Michels/Wassong 2007, S. 158).

Zusammengefasst geht es um folgende individuellen und sozialen Kompetenzen, die von den Teilnehmern im Friluftsliv erworben oder erweitert werden sollen:

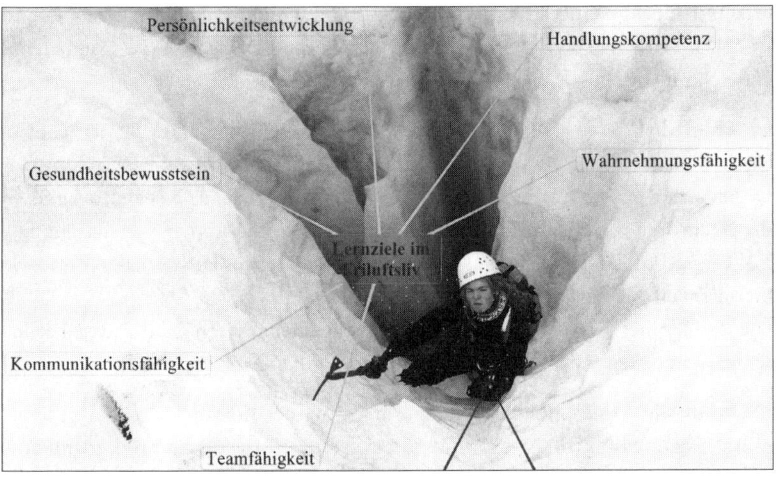

Abb. 8: Lernziele im Friluftsliv (Foto: Geir Bartz-Johannessen)

Auf Kommunikations- und Teamfähigkeit wurde bereits in verschiedenen Zusammenhängen eingegangen. Auf die anderen Punkte wird nach einem Exkurs zu den Lernzielen der Erlebnispädagogik näher eingegangen.

Nach Reiners (1995, S. 33) werden in der Erlebnispädagogik die Lernziele aus den Erziehungs- und Handlungszielen gewonnen und können unterteilt werden in:

- „Die Entwicklung individueller Persönlichkeitsmerkmale wie Entwicklung von Eigeninitiative, Spontaneität, Kreativität, Selbstvertrauen, Selbstwertgefühl, Selbstbewußtsein, Selbstverantwortung, realistischem Selbstbild, Überprüfung von Wertesystem etc.,
- die Förderung sozialer Kompetenzen (Teamarbeit, Rücksichtnahme, Kommunikationsfähigkeit, Mitgefühl, Hilfsbereitschaft, Konfliktbewältigung etc.) und
- das Wachsen eines systemischen, ökologischen Bewußtseins."

Die Lernziele der Erlebnispädagogik decken sich hinsichtlich Persönlichkeitsentwicklung, Kommunikationsfähigkeit und Teamfähigkeit mit den Lernzielen der Friluftsliv-Pädagogik.

Die Förderung der Handlungskompetenz wird bei König und König (vgl. 2005, S. 178) als ein Lernziel bei Outdoor-Trainings benannt.[28]
Der Aufbau eines Gesundheitsbewusstseins hingegen gehört nicht zu einem expliziten Lernziel der Erlebnispädagogik.
Die Erweiterung der Wahrnehmungsfähigkeit wird in der Erlebnispädagogik nicht ausdrücklich als Ziel benannt. Heckmair und Michl (vgl. 2002, S. 204–207) benennen in ihrer Auflistung verschiedener erlebnispädagogischer Aktivitäten die Schulung der Wahrnehmung jedoch als Lern- und Erfahrungsmöglichkeit. Petra Brandt (vgl. 2001, S. 72 ff) sieht die Wahrnehmung als den wichtigsten Baustein in der kindlichen Entwicklung. Sie hält erlebnisorientierte Aktionen für eine Möglichkeit, die Wahrnehmung zu schulen.
Im amerikanischen Raum hingegen benennt Priest (vgl. Gilbertson u.a. 2006, S. 4) die Förderung der Wahrnehmung explizit als eines von sechs Zielen im Bereich „outdoor education".

3.6.1 Persönlichkeitsentwicklung

Das Fachlexikon der sozialen Arbeit (vgl. 2007, S. 700) definiert Persönlichkeit nach Guilford als die „einzigartige Struktur von Wesenszügen" eines Individuums. Als Wesenszug gilt jedes abstrahierbare und relativ konstante Merkmal, in dem sich Menschen voneinander unterscheiden.
Persönlichkeits- und Identitätsentwicklung stehen in einem engen Zusammenhang und nehmen in vielen pädagogischen Ansätzen einen hohen Stellenwert ein. Identität ist die einzigartige Persönlichkeitsstruktur eines Menschen, die ihn einmalig macht und von anderen Menschen unterscheidet. Dazu gehört auch das eigene Verständnis für die Identität, die Selbsterkenntnis und der Sinn für das, was man ist, bzw. sein will (vgl. Rauh 1995, S. 346)
„In der heutigen Gesellschaftsform ist die Frage nach der eigenen Identität zu einem kulturwissenschaftlichen Hauptthema geworden. Einige behaupten, dass die Entwicklung so schnell vonstatten geht, dass die Gesellschaft es nicht schafft, Haltepunkte zu geben, wie gehandelt werden soll. Dadurch stehen Normen, Werte, Regeln, Meinungen, Handlungsmuster und die Lebenseinstellung auf dem Spiel" (Tordsson 2003, S. 17).

Als Folgerung daraus muss heute jeder selbst seine Haltepunkte im Leben finden, um Selbstfindung, Werteverständnis und Lebensstil für sich selbst zu definieren. Dies kann als Entwicklungs- und Reifungsprozess verstanden werden,

28 Als Outdoor-Training wird im Allgemeinen Erlebnispädagogik in der Erwachsenenbildung bezeichnet (vgl. Kölsch/Wagner 2004, S. 12).

der die individuelle Persönlichkeit formt und zu stabilen Verhaltensweisen und Einstellungen führt. Haltepunkte kann das Friluftsliv durch Aktivitäten und Erlebnisse in der Natur geben. Nansen (zit. n. Faarlund 1993, S. 162) schrieb der Einsamkeit der Natur die ideale Fähigkeit für die Formung einer Persönlichkeit zu: „In the wilderness, in the loneliness of the forest, with a view toward the mountains and a distance from clamor and confusion – this is where personalities are formed."

Das Leben der Menschen und die Ausrüstung, mit der wir heute auf Touren in die Natur gehen, haben sich zwar seit damals elementar verändert, jedoch sind die imposanten Bergformationen, die winterliche Stille fernab von Städten und das Rauschen von Bächen unverändert geblieben. Auch heute wird man zu der Erkenntnis kommen, fernab der Zivilisation ganz klein zu sein. Und wenn es zu einer plötzlichen Wetterverschlechterung kommt, stehen wie vor 100 Jahren wieder die elementaren Grundbedürfnisse „Wärme, Wasser, Nahrung, Schutz, Kontakt" im Vordergrund.

Erfolgserlebnisse sowie die Anerkennung und Achtung durch andere Teilnehmer und den Leiter, das Gefühl, als Mensch gebraucht zu werden, sowie das Erkennen der eigenen Lebendigkeit und Handlungsmöglichkeiten führen zu einer Steigerung des Selbstwertgefühls. Diese Erfahrungen sind wichtig für das Selbstbewusstsein, das Selbstvertrauen und die Selbstsicherheit.
Für Weinholz (vgl. 1989, S. 46 ff) ist das Hauptziel des Friluftsliv, jungen Menschen Hilfe bei der Entwicklung der Identität zu geben. Dies soll durch Ausschalten von Langeweile, Erlernen von Dauerhaftigkeit und Kontinuität sowie aufgrund einer neuen Sichtweise bezüglich materieller Dinge geschehen. Zudem sollen handwerkliche, technische, sportliche und nautische Fähigkeiten und die Übernahme von Verantwortung vermittelt werden. Die attraktive Spannung[29], das Zusammenleben auf engsten Raum, damit verbundene Konflikte und die Integration von schwachen Teilnehmern fördern die Entwicklung jedes Einzelnen.

3.6.2 Handlungskompetenz

Teilnehmer einer Friluftsliv-Tour „konsumieren" diese nicht, sondern sie werden vom Friluftsliv-Leiter aktiv zur Mitgestaltung aufgefordert. Dazu gehören die partizipative Planung, die kooperative Realisation und die gemeinsame Reflexion (3.8). Dabei wird nach Möglichkeit Raum für ein selbständiges Handeln gegeben, so dass die Teilnehmer durch Ausprobieren ihre persönliche Handlungskompetenz erweitern können.

29 Mit einer attraktiven Spannung meint Weinholz die ständige Ungewissheit, was wohl als Nächstes passiert.

Gunnar Repp (vgl. 2006, S. 105f) sieht im Friluftsliv eine Möglichkeit, um die individuelle Handlungskompetenz zu erweitern und sich selbst besser einzuschätzen. Die Erweiterung der Handlungskompetenz fasst er als ein Resultat eines Prozesses von kreativen Gedanken und Handlungen im Hinblick auf neue Erlebnisse und Erfahrungen auf.

An der Sogndal Folkehøgskule wird in jedem Schuljahr schon nach etwa sechs Schulwochen eine Tour durchgeführt, bei der 3-er Gruppen selbständig auf eine Übernachtungstour im Biwak in die Berge gehen. Vom Friluftsliv-Leiter bekommen sie die Aufgabe, auf der Tour mit Karte und Kompass zu einem bestimmten Punkt als Lagerplatz zu gelangen, um so Orientierung und die Arbeit mit Karte und Kompass zu schulen.

Durch Aufmunterung des Friluftsliv-Leiters können Teilnehmer zu Eigeninitiative und zum Experimentieren angeregt werden. Durch eigenständiges Handeln im Zusammenhang mit der Gruppensituation können gute Lernvoraussetzungen geschaffen werden. Viele Formen von Aktivitäten ergeben erst im Zusammenspiel mit anderen einen Sinn. Daneben gibt es weitere Aktivitäten, die zur eigenen Weiterentwicklung eine selbständige Beschäftigung erfordern.
Es ist also wichtig, Erfahrungen in der Gruppe zu sammeln, zudem muss daneben auch Raum für ein selbständiges Ausprobieren und Lernen gegeben werden. Dies verdeutlicht folgendes Praxisbeispiel einer deutschen Schülerin an der Sogndal Folkehøgskule im Schuljahr 2001/2002:

Als zu Beginn des Schuljahres von einem Praktikanten der örtlichen Hochschule das Thema „Feuer" in Theorie und Praxis durchgenommen wurde, hat diese junge Frau u.a. aufgrund von sprachlichen Schwierigkeiten nicht viel verstanden. Bei anschließenden Touren mit der Friluftsliv-Gruppe gab es viele Schüler, die großes Interesse hatten, das Lagerfeuer für die Gruppe vorzubreiten und zu entzünden. Die Schülerin hat als Gruppenteilnehmerin nicht gelernt, wie sie ein Feuer unter allen Wetterbedingungen vorbereitet, entzündet und in Gang hält.

Ein Feuer im traditionellen Friluftsliv wird von dicken Holzscheiten als Grundlage zu dünneren Holzstücken, Ästen und schließlich Zweigen und Anzündrinde im oberen Bereich gestapelt. Das Feuer wird oben entzündet. Diese Schichtung bewirkt, dass Glut nach unten rieselt und den gesamten Holzhaufen durchwärmt. Die starke Hitzeeinwirkung bewirkt bei den nebeneinander liegenden heißen Holzscheiten, dass die brennbaren Holzgase schnellstmöglich ausdünsten und sich entzünden (vgl. Glass 1997, S. 248).

Abb. 9: Lagerfeuer geschichtet (Foto: S.B.)

Auf der Abbildung ist zu erkennen, dass kleinere, brennende Teilchen nach unten durchrieseln. Die kleinen Äste im oberen Teil des Feuers konnten aufgrund günstiger Witterung von vornherein durch größere Äste ersetzt werden.

Erst eine 3-tägige private Skitour im Januar gab dieser Mitschülerin den Raum, um sich selbständig mit dem Thema „Feuer machen" zu beschäftigen und durch Anleitung und Experimentieren eine Handlungskompetenz in diesem Bereich zu erlangen.
Es kann der Schluss gezogen werden, dass Gruppen die Lernprozesse Einzelner auch behindern können. Es ist selbstverständlich Aufgabe des Friluftsliv-Leiters, alle Teilnehmer in Lernprozesse mit einzubeziehen und die Lerninhalte allen Teilnehmern zu vermitteln. Das hat in diesem Fall jedoch nicht funktioniert.

3.6.3 Wahrnehmungsfähigkeit

Bei Aktivitäten in der freien Natur werden alle fünf Sinnesorgane (Riechen, Schmecken, Fühlen, Sehen, Hören) stärker aktiviert und geschärft, als beispielsweise bei Aktivitäten in geschlossenen Räumen. „Der Mensch hat einen sehr gut entwickelten Sinnesapparat. Vielfältige Sinneseindrücke stimulieren die Sinne und führen zu einer umfassenden Entwicklung" (Vingdal/Hollekim 2001, S. 36). „Wahrnehmungserlebnisse stehen bei Aktivitäten in der Natur im Vordergrund. Die Temperatur kann von eisiger Kälte auf brennende Hitze umschwenken, Licht kann an Intensität und Farbennuancen variieren, wir können die Stillheit hören, der Wind kann heulen oder Vögel zwitschern" (Vingdal/Hollekim 2001, S. 33).

Aufgrund des Umfangs des Themas wird nur auf einen Sinnesorgan näher eingegangen. Der Geruchssinn wird bei Friluftsliv-Aktivitäten mit speziellen Gerüchen konfrontiert und geschult.
Holzarten wie Birke oder Kiefer haben einen unterschiedlichen Geruch. Beim Sägen wird der Holzgeruch zumeist als angenehm empfunden und man geht mit der Nase gern dicht heran, um den intensiven Holzduft gut wahrnehmen zu können. Nasses Holz hat einen vollkommen anderen Geruch als im trockenen Zustand.
Der Geruch vom Lagerfeuer, insgesamt als wohltuend empfunden, wird intensiv wahrgenommen. Dieser Geruch hängt noch lange nach einer Tour in der Kleidung (Wollpullover, Jacken, ...) und ruft bei den Teilnehmern auch im nachhinein bestimmte Erinnerungen und Emotionen hervor. Der Geruch zubereiteter Nahrung wird bei großem Appetit, nach körperlich anstrengenden Tagen, besonders intensiv wahrgenommen.

Schon Jean-Jacques Rousseau (vgl. 1995, S. 119) betonte die Relevanz der in der Erziehung oft vernachlässigten Sinnesorgane. Es soll gelernt werden, die Sinne richtig zu gebrauchen, um mit ihrer Hilfe richtig urteilen und fühlen zu können.

Auch Simon Priest (vgl. Gilbertson u.a. 2006, S. 5) hebt die fünf Sinne hervor, die in seinem Modell des Lernprozesses im Bereich „outdoor education“ die Wurzeln bilden.

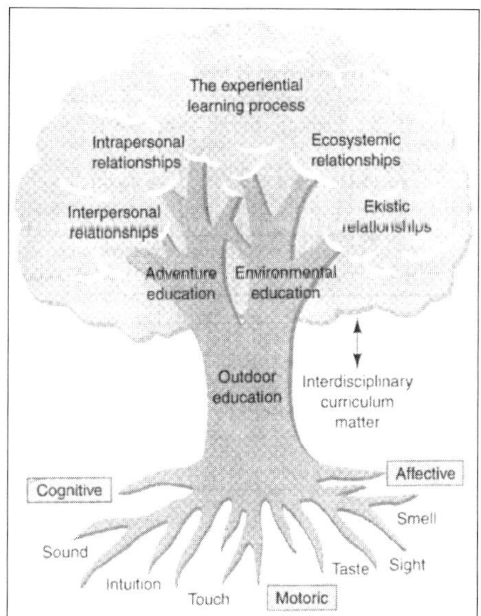

Abb. 10: „The ladder of environmental learning“

3.6.4 Gesundheitsbewusstsein

Es ist ein Ziel des norwegischen Umweltschutzministeriums, das Gesundheitsbewusstsein der Bevölkerung durch Friluftsliv zu stärken. Über das Friluftsliv wird versucht, eine Verhaltensänderung der Bevölkerung hin zu mehr Bewegung zu bewirken. Gleichzeitig ist dies auch eines der Lernziele der Friluftsliv-Pädagogik.
In dem nur 4,8 Millionen Einwohner zählenden Land Norwegen hat die Regierung im Jahr 2005 ein Budget von 100 Millionen Kronen[30] für Friluftsliv zur Verfügung gestellt (vgl. Bjørklund 2005, S. 163).

Marit Espeland (vgl. 2005, S. 168), Ratgeberin in der Abteilung für körperliche Aktivität sowie Sozial- und Gesundheitsfragen im norwegischen Umweltschutzministerium, benennt folgende Ziele der Gesetzgebung:

- Schutz der natürlichen Grundlage des Friluftsliv
- Sicherung des allgemeinen Rechts, sich frei in der Natur zu bewegen
- Möglichkeiten des Aufenthalts in der Natur geben, um Friluftsliv als Gesundheitsförderung zu betreiben
- Förderung des Wohlbefindens der Bevölkerung
- Bewahren von umweltfreundlichen Freizeitaktivitäten in der Zukunft

Körperliche Aktivitäten beugen einer Reihe von Krankheiten vor. Da Friluftsliv sehr aktivitätsbezogen ist, wird der Schluss gezogen, dass Friluftsliv-Aktivitäten einen Teil zur Gesundheitsförderung und zur Vorbeugung von Erkrankungen beitragen.
In diesem Zusammenhang können alle der in 2.2 aufgeführten Aktivitäten als gesundheitsfördernd betrachtet werden, auch wenn sie nicht dem traditionellen Friluftsliv zuzurechnen sind.

„Norwegische wie auch internationale Studien dokumentieren, dass körperliche Aktivitäten das Risiko für eine ganze Reihe von Krankheiten wie Herzgefäß-Erkrankungen, Diabetes Typ 2, Bluthochdruck, Muskelskelettleiden, körperliche Leiden und verschiedene Krebsarten reduzieren können. ... Außerdem bewirken körperliche Aktivitäten wichtige funktionelle Effekte, wie zum Beispiel einen besseren Stoffwechsel, eine bessere Funktion zur Verträglichkeit von Medikamenten- und Strahlenbehandlungen, eine Verbesserung der psychischen Befindlichkeit und eine Erhöhung der generellen Lebensqualität“ (Espeland 2005, S. 168).
Neben den aufgeführten Effekten und den Verminderungen der gesundheitlichen Risiken trägt Friluftsliv einen Teil zur Bekämpfung des in der modernen Wohlstandsgesellschaft weit verbreiteten Bewegungsmangels bei. „ ... in unserer moder-

30 Umgerechnet sind dies ungefähr 12 Millionen Euro.

nen Industriegesellschaft (sind) bereits zwei Drittel der Kinder im schulpflichtigen Alter von Bewegungsmangel geprägt ... und vier Fünftel aller Menschen (sehen) sich früher oder später mit Rückenproblemen konfrontiert“ (Lagerstrøm 2007, S. 119f).

Lagerstrøm (vgl. 2007, S. 118) sieht es als sehr wichtig an, dass die Bevölkerung nicht nur über Fitnesstraining versucht, dem Bewegungsmangel entgegenzuwirken. Eine generelle Rückbesinnung auf die den Menschen durch Evolution und Erbanlagen vorgegebenen Bewegungsmuster und -anforderungen hält er für hilfreich, da diese pedale Fortbewegung (bzw. entsprechende Ersatzaktivitäten wie Radfahren, Skaten, Skilaufen usw.) und die damit zusammenhängende Fettverbrennung eine automatisierte Verankerung im Menschen hat und zu Gesundheit und Wohlbefinden führt.

Friluftsliv und die hierbei zu findenden Erlebnis- und Erfahrungsräume haben einen Aufforderungscharakter, der dem Bewegungsmangel in der Bevölkerung durch körperliche Aktivitäten entgegenwirkt. Dabei ist es von Vorteil, dass sich ein Großteil der norwegischen Bevölkerung mit dem Friluftsliv identifiziert. Friluftsliv ist nach Hompland (vgl. 2000, S. 128) der Kern der norwegischen Identität und Symbol für das Norwegische. „Nichts ist so Norwegisch wie Friluftsliv“ (Hompland 2000, S. 128). „Friluftsliv evokes such strong responses in Norwegian society because it evokes a national identity, a sense of really ‘belonging’ to their land” (Faarlund 1994, S. 25).

Neben dem körperlichen Wohlbefinden wird auch die seelische Befindlichkeit des Einzelnen durch Aktivitäten in der freien Natur positiv beeinflusst. Mittels neuer Forschungs- und Messverfahren wurden durch Messungen der Herzfrequenzvariabilität und durch Hormonmessungen eine Reihe von psychoregulativen Wirkungen auf bestimmte Neurotransmitter wie zum Beispiel auf den Dopamin- und Reotonsinstoffwechsel, sowie auf den Endorphinmetabolismus nachgewiesen (vgl. Lagerstrøm 2007, S. 123). Dopamin ist ein Hormon, das maßgeblich für die Stimmungslage des Menschen verantwortlich ist. Es bewirkt gefühlsmäßige Ausgeglichenheit, Zufriedenheit und innere Ruhe.
Lagerstrøm (vgl. Lagerstrøm 2007, S. 124) weist darauf hin, dass dieser Effekt bei anderen intensiven Belastungen wie Fitnesstraining nicht erreicht werden kann, da dabei die Energiegewinnung über die Zuckerverbrennung, und nicht wie beim Wandern primär über die Fettverbrennung vonstatten geht.

Die aufgeführten Tatsachen sprechen dafür, dass durch die vielfältigen Bewegungsmöglichkeiten in der Natur und den damit verbundenen Naturerlebnissen im Friluftsliv Anreiz für mehr Bewegung gegeben wird und Friluftsliv somit für die Entwicklung eines Gesundheitsbewusstseins förderlich ist.

3.7 Methoden

Die Methode und die Art ihrer Anwendung steht in der Friluftsliv-Pädagogik in Abhängigkeit von den aktuellen Fragestellungen, dem Lebensstil, dem Naturverständnis und dem Zusammenhaltsgefühl der Teilnehmer. Die verschiedenen Formen von Friluftsliv-Touren weisen zudem unterschiedliche Qualitäten auf, die die Anwendung von geeigneten Methoden begünstigen oder behindern können (vgl. Tordsson 1993, S. 36).

Friluftsliv kann je nach Blickwinkel als Ziel an sich oder als Methode verstanden werden. Ob es sich um ein Ziel oder eine Methode handelt, richtet sich nach der Motivation, aus der heraus Friluftsliv betrieben wird. Die Motivation kann beispielsweise Gesundheitsförderung, Förderung der persönlichen und sozialen Reife oder Teambildung sein (vgl. Sandell 2007, S. 16).
Friluftsliv stellt beispielsweise dann ein Ziel dar, wenn jemand am Wochenende in die Berge geht, um Zeit in der freien Natur zu verbringen. Das ist Friluftsliv um seiner selbst Willen, ohne pädagogische Intention.
Friluftsliv selbst wird zur Methode, wenn es ausschließlich um Wissensvermittlung geht. So kann ein Biologielehrer mit seiner Klasse auf eine Tour in die Natur gehen, um durch das Betrachten und Analysieren der Flora und Fauna vor Ort Wissen hierüber zu vermitteln. Der Lehrer bedient sich dabei des Friluftsliv als Methode, um die Lehrziele des Biologieunterrichts zu erreichen.

Auch die Erlebnispädagogik wird vielfach als eine Methode innerhalb der Sozialen Arbeit angesehen. Jedoch ist hier die Begründung eine andere. Nach Galuske (vgl. 2007, S. 241) handelt es sich bei der Erlebnispädagogik um eine handlungsorientierte Methode der Sozialen Arbeit. Nach ihm kann es sich bei der Erlebnispädagogik nicht um eine Teildisziplin der Erziehungswissenschaft – wie dies beispielsweise von Jörg Ziegenspeck gesehen wird – handeln, da zur Etablierung einer Teildisziplin die Verankerung an wissenschaftliche Hochschulen gehört, was die Erlebnispädagogik bisher kaum erreicht hat.

Im Umkehrschluss lässt sich begründen, dass Erlebnispädagogik als eine Methode der Sozialen Arbeit angesehen wird.
An dieser Stelle wird jedoch nicht auf Friluftsliv als (Vermittlungs-)Methode im Unterricht oder als Ziel in der Freizeit eingegangen, sondern in erster Linie Tordssons Eingangsfrage nach den angewandten Methoden **im** Friluftsliv verfolgt.

Die Erlebnispädagogik gibt hinsichtlich der Methode oder Methodik folgende Definitionen: „Der Begriff der Methodik kann als Verfahrensweise verstanden werden, mit der Lehr- und Lernprozesse planmäßig und fachlich vorbereitet, gelenkt und ausgewertet werden" (Reiners 1995, S. 35).

„Methoden sind – formal betrachtet – (konstitutive) Teilaspekte von Konzepten. Die Methode ist ein vorausgedachter Plan der Vorgehensweise“ (Geißler/Hege 1992, S. 24).

Faarlund (vgl. 1973, S. 43) betont die adäquate Auswahl einer pädagogischen Methode als zentralen Punkt bei der Vermittlung des Friluftsliv. Er bezeichnet die Methoden als wichtige „Haltepunkte“. „Der Friluftsliv-Leiter soll sich nicht damit zufrieden geben, Bekanntes zu vermitteln, ohne die pädagogischen Methoden zu analysieren und zwischen verschiedenen Arbeitsweisen zu unterscheiden“ (Faarlund 1973, S. 43).

3.7.1 Vegledning als Arbeitsweise und Methode

„In Norwegen ist veiledning[31] bereits seit den 1970er Jahren eine etablierte pädagogische Arbeitsweise, in der der Mensch der Natur begegnet, aber auch sich selbst in der Natur aktiv wahrnimmt. Sie baut auf einer pädagogischen Philosophie auf, in der die Natur wertvoll ist und der Mensch schonend mit ihr umgeht“ (Gundersen/Østrem 2007, S. 67).
Faarlund beschäftigt sich in seinem Grundlagenwerk „HVA – HVORFOR – HVORDAN“ („Was – Wie – Warum“) hinsichtlich des „Wie“ mit der Methode des Vegledning; wie Situationen im Friluftsliv arrangiert und wodurch Fertigkeiten vermittelt werden. Vegledning gilt als die grundlegende Methode in der Friluftsliv-Pädagogik.
Tordsson (vgl. 1993, S. 36) definiert das Vegledning im Friluftsliv als eine spezielle, prozessorientierte Vermittlungsmethode, die auf eine Arbeitsform in der Gruppe und die Begegnung in der Natur aufbaut. Diese Methode ist eine mögliche Art, die pädagogischen Möglichkeiten, die Friluftsliv gibt, zu verwirklichen.
Bei der Methode [Arbeitsform; S.B.] der Kleingruppe, die gemeinsam handeln und bestimmte Aufgaben lösen muss, lernen Jugendliche, dass ohne Zusammenarbeit nichts funktioniert. Dadurch wird das Zusammengehörigkeits- und Verantwortungsgefühl gestärkt. Statt der in der Jugendarbeit sonst üblichen Individualisierung wird hier eine starke Kooperation erreicht (vgl. Weinholz 1993, S. 26).

Da der Friluftsliv-Leiter bei der Arbeitsweise des Vegledning Verantwortung an die Gruppe abgibt, wird das Verantwortungsbewusstsein gesteigert.
Er agiert, statt nur zu reagieren und versucht, sein Engagement auf die Teilnehmer zu übertragen, indem er sie in Verantwortung und Entscheidungen mit einbezieht. Dadurch entsteht auf Seiten der Teilnehmer das authentische Gefühl, die Aktivität, bzw. Tour selbst zu gestalten. Hierzu trägt wesentlich auch der Ernstcharakter

31 Veiledning oder Vegledning, beide Schreibweisen sind im Norwegischen zulässig.

der Situation bei, der ein wichtiges methodisches Element darstellt, da es um reale Anforderungen, Entscheidungsfindungen und das direkte Umsetzen der getroffenen Entscheidungen geht (vgl. Weinholz 1993, S. 145).

Durch die Übernahme von Verantwortung für sich selbst, andere Teilnehmer und die anvertraute Ausrüstung wird von den Teilnehmern Mitdenken und Mitentscheiden gefordert.
Konfliktlösungen sollen nicht vom Friluftsliv-Leiter aufgezeigt werden, sondern von der Gruppe selbst erarbeitet werden.

Der Ernstcharakter der Situation und das daraus resultierende Lernen aus authentischen Situationen in der Natur ist ein zentraler Aspekt des Vegledning. Die Authentizität der Situation und die dadurch gemachten Erfahrungen und gewonnenen Erkenntnisse führen zu nachhaltigerem Lernen, als das Lernen von einem Instrukteur.

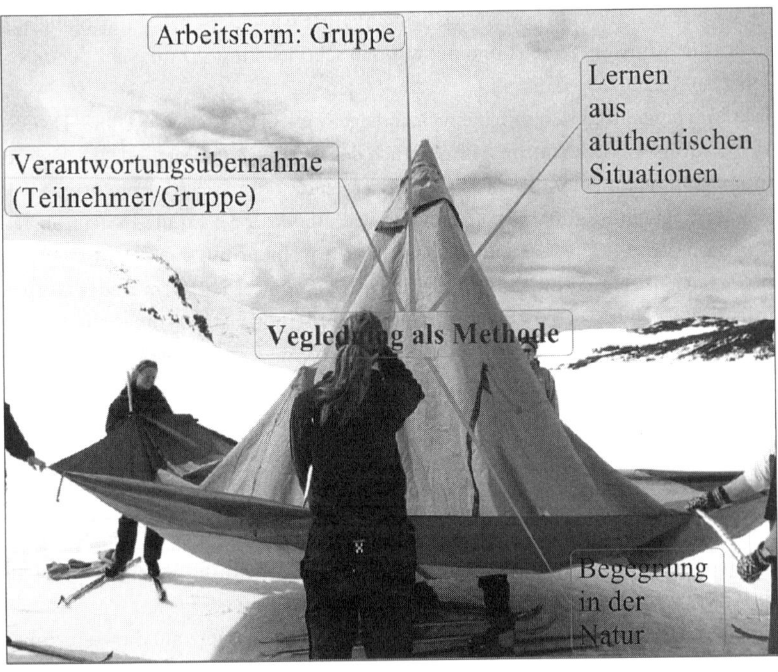

Abb. 11: Vegledning als Methode (Foto: Marianne Johannessen)

Das Vegledning kann sowohl als Methode wie auch als Arbeitsweise bezeichnet werden. Übergeordnet kann es als Arbeitsweise betrachtet werden, was auch die spezielle Arbeitsweise des Friluftsliv-Leiters beinhaltet. Wenn es um aktives und zielbezogenes Handeln geht, wird das Vegledning zu einem Werkzeug, um bestimmte Ziele zu erreichen und somit zur Methode.

3.7.2 Learning by doing als Methode

„Unsere pädagogische Grundeinstellung für die Entwicklung des Einzelnen im Friluftsliv ist 'learning by doing'. Wir meinen, dass dies der richtige Weg ist, der zu Einsicht, Handlungskompetenz, Erlebnis und Erfahrung durch Reflexion führt. Diese Methode wurde von John Dewey entwickelt. Er meinte, dass der Mensch ein aktives, suchendes Wesen ist, das durch seine Aktivität zu Selbsterkenntnis kommt und reflektiert, was und warum er etwas tut" (Brügge/Szczepanski 2007, S. 49).
Die Methode des learning by doing spiegelt sich bereits im vorangegangenen Kapitel über das Vegledning wider. Die Arbeitsweise des Vegledning baut auf die Methode learning by doing auf. Liedtke und Lagerstrøm (vgl. 2007, S. 182) bezeichnen das traditionelle Friluftsliv selbst als learning by doing, womit sie vermutlich die Arbeitsweisen in der Friluftsliv-Pädagogik meinen.

Learning by doing bedeutet, dass durch selbstständiges Handeln und durch unmittelbare Anwendung gelernt wird. Wer selbst ausprobiert hat, Fehler erkannt und korrigiert hat, der kann aus diesen Erfahrungen nachhaltiger lernen und der Transfer wird erleichtert.

Das learning by doing stellt für die Friluftsliv-Pädagogik eine wichtige Grundeinstellung und Methode dar.
Für die Erlebnispädagogik stellt Annette Reiners (vgl. 1995, S. 19) fest, dass ein ganzheitliches Lernen, learning by doing und Erfahrungslernen wichtige Prinzipien darstellen.
Heckmair und Michl (vgl. 2004, S. 59) sehen das learning by doing als einen Versuch, sich den Lernzielen Selbständigkeit, Verantwortlichkeit, sozialer Kompetenz, Mündigkeit, usw. anzunähern. Diese Ziele sind selten klar kontrollierbar, weswegen diese Methode vielfach eine verdrängte und von Theoretikern geschmähte Methode des Lernens bleibt.
In der Schlussfolgerung muss davon ausgegangen werden, dass das learning by doing in der Erlebnispädagogik ein mittlerweile umstrittenes Prinzip darstellt.

3.7.3 Kritik: Angewandte Methoden bei kommerziellen Anbietern

Nicht alle Anbieter von Friluftsliv-Aktivitäten machen sich grundlegende Gedanken über die Verwendung ihrer Methoden.

Bei einer Masterarbeit aus dem Jahr 2006 beschäftigte sich Hendrik Lapp mit der Analyse von 26 kommerziellen Friluftsliv-Anbietern in Norwegen. Er verglich dabei die Aktivitätsangebote, die Bedeutung der Natur aus Sicht der Anbieter, die Qualifikation der Friluftsliv-Leiter und die angewandten Methoden in der Praxis. Die Analyse fand über einen Internetvergleich und durch Interviews statt.
In dieser Arbeit gab es hinsichtlich der angewandten Methoden kein zufriedenstellendes Ergebnis:
„Aus den Angaben, die ich aus dem Internet entnehmen konnte, machen sechs Anbieter kurze Angaben, mit welchen Methoden sie bei ihren Maßnahmen arbeiten. Die anderen 20 machen keine Angaben darüber. Bei diesen sechs Anbietern findet man folgende Angaben: Es wird zum einen geschrieben, dass die 'Draußen-sein-Methode' benutzt wird, ohne aber genauere Definition. Zwei Anbieter schreiben, dass 'learning by doing' zum gewünschten Ziel führt. ... Ein weiterer Anbieter schreibt, dass eine Zusammenarbeit aus Friluftsliv und Firmenentwicklung gute Resultate bringt. Etwas genauere Angaben macht ein anderer Anbieter. Er will durch grenzsprengende Aktivitäten zum Ziel kommen. Dies möchte er durch drei Dimensionen erreichen. Einer fachlichen, sozialen und einer Erlebnisdimension. Bei der fachlichen Dimension wird die alltägliche Firmensituation als Ausgangspunkt genommen. Die soziale Dimension soll durch verschiedene Aktivitäten, die ein soziales Umfeld schaffen, erreicht werden. Eine Dimension des Erlebnisses soll durch spannende Aktivitäten erzielt werden. Durch gruppendynamische Trainings will ein weiterer Anbieter zum Ziel kommen. Dabei sollen verschiedene Werte beleuchtet und die Gruppe in verschiedenen Bereichen herausgefordert werden. Dies können persönliche wie soziale Bereiche sein“ (Lapp 2006, S. 89f).
Die Tatsache, dass 20 von 26 Anbietern ihre Methoden nicht offen legen, ist nicht zufriedenstellend. Aus den weiteren Ausführungen der Masterarbeit geht jedoch hervor, dass viele Friluftsliv-Leiter im kommerziellen Bereich bewusst (wie zwei der Anbieter) oder unbewusst learning by doing als Methode anwenden.

3.8 Reflexion

In der Friluftsliv-Pädagogik wie in der Erlebnispädagogik hat die Reflexion einen hohen Stellenwert, wie die folgenden Ausführungen verdeutlichen sollen.

„Die Reflexion von Erlebnissen ist ... ein Grundbedürfnis der menschlichen Psyche, die sich die Zeit, den Raum und das Material sucht, um es zu befriedigen. ... Das Mit-Teilen von Erlebnissen und Erfahrungen gehört wesentlich zu diesem Grundbedürfnis“ (Kraus/Schwiersch 2005, S. 397).

„Um eine prägende Wirkung zu erreichen, bedarf es der intellektuellen Aufarbeitung des Erlebten. Die Reflexion der gemachten Erfahrungen ermöglicht deren Verinnerlichung und somit den Transfer in das Alltagsleben“ (Witte 2002, S. 21).

„Ausgangspunkt für das Lernen in der Friluftsliv-Pädagogik ist das direkte Erleben, bei dem man ‘mit dem ganzen Körper’ versteht und bei dem es wichtig ist, dass man darüber reflektiert, was man gelernt und gefühlt hat“ (Brügge/Szczepanski 2007, S. 31).

Unabhängig davon, auf was für einer Art von Tour eine Gruppe sich befindet, wird es immer Möglichkeiten für ein abendliches Beisammensein geben.

Beim Schneehöhlenbau kann die Liegefläche einer einzelnen Schneehöhle so weit vergrößert werden, dass alle Gruppenteilnehmer dort abends beisammen sitzen können.
Es ist grundsätzlich einfacher, die Gruppe für eine Reflexions-Runde zu begeistern, wenn der Friluftsliv-Leiter Interesse an dem Befinden der Teilnehmer zeigt. Diese Annahme bestätigen deutsche Verfasser auch für die Erlebnispädagogik: „Wenn mich die Eindrücke und Erfahrungen der TeilnehmerInnen interessieren, dann bringt dies Wertschätzung zum Ausdruck und es ist authentisch. Reflexion funktioniert auch, wenn ich selbst ein Anliegen habe – dann kann es ein Türöffner für die TeilnehmerInnen sein“ (Kraus/Schwiersch 2005, S. 410).

Anliegen des Friluftsliv-Leiters können zum Beispiel sich neu eröffnende Aktivitäten für den nächsten Tag sein, die durch eine günstige Wetteränderung ermöglicht werden.
Die Reflexion in der Friluftsliv-Pädagogik ist in den meisten Fällen eine offene Form der Reflexion. Dabei wird Zeit und Raum gegeben, um Erlebnisse nachklingen zu lassen und sich Gedanken über bevorstehende Aktionen zu machen.

Im Friluftsliv-Unterricht an der Sogndal Folkehøgskule wird die Reflexion mitunter in zwei Phasen, einer Phase in einer Kleingruppe und einer Phase in der gesamten Gruppe, durchgeführt. Dies bezieht sich jedoch auf Unterrichtseinheiten an der Schule selbst, bei denen die Gruppe nicht auf Tour ist, bzw. als Einstieg für eine Reflexion im Anschluss an eine Tour.
Unterwegs in der Natur ist die Reflexion in der gesamten Gruppe das sinnvollere Setting. Dies ist mit dem Zeitrahmen und der Organisation besser zu vereinbaren. Zudem ist die Gruppe dann mehr oder weniger den ganzen Tag innerhalb der Kleingruppen organisiert gewesen, in denen miteinander geredet wurde.
In der Reflexion können auch unterschiedliche Arbeitsweisen der einzelnen Kleingruppen besprochen und analysiert werden. Vielleicht hat eine Kleingruppe wie in 4.4.2 beschrieben ihre Schneehöhle mit einem Eingang gegraben und eine andere Kleingruppe die Variante mit zwei Eingängen gewählt. Im Rahmen der Reflexion kann ein Erfahrungsaustausch über die Vor- und Nachteile der unterschiedlichen Bauweisen stattfinden.
In der Reflexion wird die Einsicht über das eigene Handeln gefördert. Jeder Teilnehmer sollte über seine eigenen guten und schlechten Eigenschaften reflektieren und Kritik annehmen können.

3.9 Lernmodelle

„Lernen bedeutet im weitesten Sinne Veränderung“ (Scholz 2001, S. 33). Durch Lernmodelle soll sichergestellt werden, dass bei den Teilnehmern eine Veränderung im Denken, Fühlen und Verhalten hervorgerufen wird. In der Friluftsliv-Pädagogik wie auch in der Erlebnispädagogik finden Aktivitäten mit herausforderndem Charakter in der Natur oder in der Erlebnispädagogik auch in anderen ungewöhnlichen Umfeldern statt. „Dies soll Veränderungen bewirken, die über die unmittelbare Situation hinaus Veränderungen auch im Alltagsverhalten der Betroffenen zur Folge haben“ (Schad zit. n. Scholz 2001, S. 33).
Aus der Erlebnispädagogik sind drei gängige Lernmodelle bekannt, die nachfolgend dargestellt und aus denen heraus ein Bezug zur Friluftsliv-Pädagogik hergestellt wird.

3.9.1 The Mountains Speak for Themselves

Das Modell „The Mountains Speak for Themselves“ wird in der Erlebnispädagogik immer wieder benannt, aber auch kritisiert (vgl. Reiners 1995, S. 60; Mcicr-Gantenbein 2000, S. 31 f; Scholz 2001, S. 37; Heckmair/Michl 2002, S. 55; Witte 2002, S. 69; König/König 2005, S. 63 f). In diesem Modell wird davon ausgegangen, dass

die Aktion in der Natur einen so intensiven Reiz darstellt, dass eine Reaktion in Form einer Verhaltensänderung automatisch folgt. Dieses Modell vertraut auf einen Lernprozess auch ohne pädagogische Intervention.
Die Kritik an diesem Modell besteht darin, dass davon ausgegangen wird, dass eindrucksvolle Naturerlebnisse automatisch Wirkung auf das Verhalten im Alltag haben, „ ... bzw. dass die Konsequenzen des gezeigten Verhaltens während der Aktion so verstärkend wirken, dass dieses Verhalten im Alltag zur Gewohnheit wird" (Scholz 2001, S. 35).
Der Leiter hat demnach lediglich die Aufgabe, Erlebnisse zu arrangieren und die Sicherheit zu gewährleisten. Reflexionen sind in diesem Modell nicht vorgesehen (vgl. König/König 2005, S. 63).

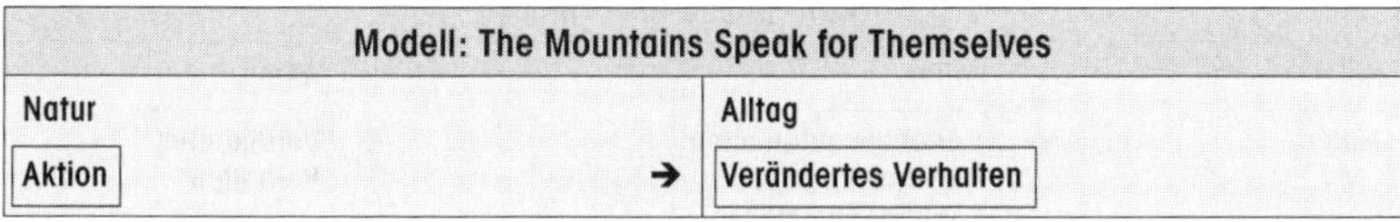

Abb. 12: Modell: The Mountains Speak for Themselves

Das Modell kann in der Friluftsliv-Pädagogik keine Anwendung finden, da diese keineswegs von einem Automatismus ausgeht. Der Friluftsliv-Leiter (s. 3.5) interveniert und überlässt die Gruppe nicht wie in diesem Modell beschrieben sich selbst. Vor- und Nachbereitungen, Reflexionsgespräche und eine gemeinsame Planung sind immer Teil der Konzeption in der Friluftsliv-Pädagogik.

In der Erlebnispädagogik führte der Wunsch, die Lernprozesse nicht dem Zufall zu überlassen, die Forderung nach mehr Effizienz sowie die Weiterentwicklung lerntheoretischer Ansätze zu einem neuen Lernmodell (vgl. Scholz 2001, S. 37).

3.9.2 Das „Outward Bound Plus" Modell

Das neu entwickelte „Outward Bound Plus" Modell geht von einem Lernprozess durch reflektierte Aktivität aus. Dieses Modell ist eine Weiterentwicklung von Outward Bound. Outward Bound sieht sich als Erbe von Kurt Hahns (1886–1974) entwickelten kurzzeitpädagogischen Kurse, genannt „Kurzschulen", ist heute führender Anbieter im Bereich Outdoor-Training und Erlebnispädagogik und verfügt über Bildungszentren auf fünf Kontinenten. „Outward Bound wurde 1941 gegründet" (Barnes 2004, S. 8).
Das modifizierte „Outward Bound Plus" Modell geht davon aus, dass erst die Reflexion über das Erlebte, und damit die bewusste Verarbeitung der Erfahrung, dem Erlebnis zu seiner vollen Geltungskraft verhilft. Das Gespräch in der Gruppe wird

hier betont, wodurch der Rahmen zur Reflexion gegeben wird. Dies setzt eine breite pädagogische Kompetenz des Leiters voraus, denn er benötigt als Handwerkszeug neben den wildnistechnischen und natursportlichen Kompetenzen auch die Fähigkeit, Gespräche zu initiieren und führen zu können (vgl. Meier-Gantenbein 2000, S. 33f).

Die Aktion in der Natur mit ihren an die Teilnehmer gerichteten Herausforderungen steht am Anfang einer „Wirkungskette“. Im Anschluss an die Aktion folgt die Reflexionsphase, die das in der Aktion erlernte Verhalten aufgreift und festigen soll, so dass die Teilnehmer die Verhaltensänderung in ihren Alltag transferieren können (siehe dazu auch 3.10).

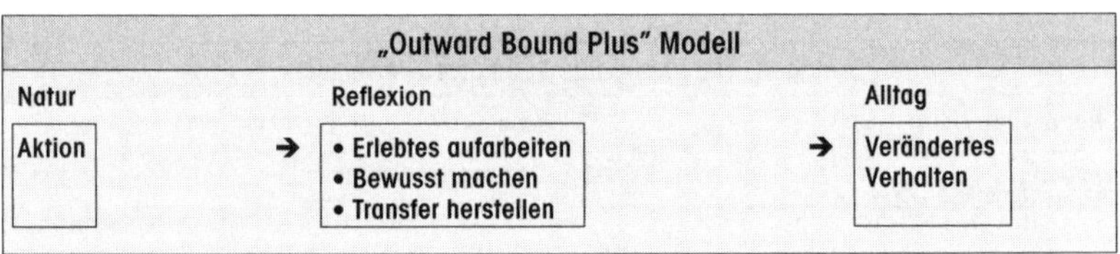

Abb. 13: Das „Outward Bound Plus“ Modell

Der Lernprozess in der Friluftsliv-Pädagogik orientiert sich bei Aktivitäten an Folkehøgskolen oder Kursen des DNT u.a. am „Outward Bound Plus“ Modell.

Auf die Abbildung bezogen kann ein Lernprozess in der Friluftsliv-Pädagogik wie folgt verlaufen:
Die Aktion in der Natur kann beispielsweise das Klettern am Fels sein, dem eine Einführung in die Theorie (s. 3.3.6) vorangegangen ist. Felsklettern beinhaltet ein kalkulierbares Risiko bei guten Sicherungsmöglichkeiten.
Bei Gruppen-Aktivitäten mit ungeübten Teilnehmern sollte eine Person den Vorstieg[32] klettern, um dann von oben ein sogenanntes „Toprope“[33] zu legen. An diesem Seil können nachfolgende Kletterer gesichert folgen. Die Top-Rope-Sicherung „ ... ermöglicht ein gefahrloses Erproben der Leistungsfähigkeit und ist damit ein wichtiges methodisches Mittel im Training des Freikletterers“ (Glowacz/Pohl 1992, S. 102). Die Gefährtensicherung kann über eine Sicherungsperson am Boden erfolgen, wenn eine Route mehrmals geklettert werden soll, wie beim Klettern mit Gruppen üblich. Von oben erfolgt die Sicherung, wenn auf einer Klettertour über Mehrseil-Längen der letzte Kletterer nachkommen soll.

32 Der erste Kletterer bringt die Zwischensicherungen an und legt, oben angekommen, die Umlenkung für die Toprope-Sicherung.

33 Seilsicherung von oben, wobei das Sicherungsseil durch eine Umlenkung am Ende der Route zur Sicherungsperson am Boden zurückläuft.

In der Praxis werden für Gruppen an mehreren Stellen mit unterschiedlichem Schwierigkeit Topropes gelegt, damit mehrere Teilnehmer zugleich klettern können, verschiedene Routen erprobt und neue Herausforderungen angegangen werden können.
Der Friluftsliv-Leiter sollte dabei alle sichernden und kletternden Personen zu jeder Zeit sehen können, weswegen sich Kletterfelsen anbieten, die ein Klettern auf relativ engem Raum ermöglichen.

Während der Aktion steht die Partnerbeziehung im Vordergrund. Der Partner ist nicht nur ein Seilpartner, sondern Garant für Leib und Leben. Die Sicherungsaufgabe ist ebenso bedeutend wie die Kletteraufgabe. Als weitere Zielebenen können u.a. Selbstkonzept, Gruppenbeziehungen, Flow-Erleben[34], metaphorisches Feedback sowie Körperwahrnehmung und -erfahrung genannt werden (vgl. Kraus/Schwiersch 2005, S. 276f).

Während des Kletterns ist Kommunikation zwischen dem Kletterer und der Sicherungsperson ein zentraler Aspekt. Der Kletterer ruft dem Partner zu, wenn er vorzeitig heruntergelassen werden oder eine kleine Pause einlegen möchte, fragt, ob von unten ein besserer Tritt erkennbar ist oder wie die Route weiter gehen könnte und ähnliches mehr.
„Für die Sicherungsperson ist es ein Erlebnis von Wertschätzung, wenn sie nicht nur in Krisensituationen angesprochen wird ('Paß jetzt auf!'), sondern auch in Momenten des Gelingens ('Du, jetzt hab` ich`s')" (Kraus/Schwiersch 2005, S. 277).

Während der Aktion müssen aus Gründen der Sicherheit bestehende Regeln anerkannt werden. Die Sicherung erfolgt genau so, wie vom Friluftsliv-Leiter erklärt. Experimente gibt es in dieser Hinsicht nicht. Die Mitbestimmungsmöglichkeiten sind beim Klettern sehr eingeschränkt. Störungen von außen sind zu vermeiden.
Vertrauensaufbau steht charakteristisch für die Aktivität Klettern. Ein Vertrauen zum sichernden Partner ist unabdingbar. Ebenso wird ein Vertrauen in die eigenen Fähigkeiten aufgebaut und die Konzentration gefördert. Um den Vertrauensaufbau in den sichernden Partner zu erleichtern, empfiehlt es sich, mit Kletterpaaren zu beginnen, die sich gut verstehen.
Weiterhin zeigt das Klettern bei der Wahl der Routen Grenzen auf. Die Psychomotorik wird durch natürliche Bewegungen, Beweglichkeit und Körperspannung geschult und es wird ein ganzheitliches, neues Körpergefühl erlebt.

34 „Flow" beschreibt eine Art Glücksgefühl, ein intensives Aufgehen in einer Situation, verbunden mit einem intensiven Erleben (vgl. Zuffellato/Kreszmeier 2007, S. 50).

„Klettern fördert als Herausforderungssituation die Selbstwirksamkeitserwartung: Wenn ich mich bemühe, dann schaffe ich es auch. Ich kann Widerstände überwinden" (Kraus/Schwiersch 2005, S. 278).

Heckmair und Michl (vgl. 2002, S. 204) sehen im Klettern und Abseilen Lern- und Erfahrungsmöglichkeiten hinsichtlich Mut, Vertrauen und Verantwortungsbewusstsein, Muskelspannung, Finden eines Eigenrhythmus, intensive Rückmeldungen durch Tast- und Gleichgewichtssinne, sowie Vertrauen in die eigene Leistungsfähigkeit.

Im Anschluss an die Aktivität des Kletterns folgt die Reflexion. An der Sogndal Folkehøgskule gibt es bereits während der Mittagspause Gelegenheit für einen Austausch, der über den Sicherungspartner hinausgeht, da dort während dieser Zeit üblicherweise ein kleines Lagerfeuer entzündet wird, an dem sich alle sammeln und ggf. aufwärmen können. Da das Schuljahr von Ende August bis Mitte Mai geht, muss zwangsläufig überwiegend in der kalten Jahreszeit geklettert werden, was den Reiz des Aufwärmens und Austauschens am Lagerfeuer noch erhöht.

Die Reflexion sollte zeitnah stattfinden, muss aber nicht zwangsläufig noch am Kletterfels während einer Pause erfolgen. Den Kletterern soll in der Reflexion Raum und Zeit gegeben werden, über das Erlebte in einen Austausch zu treten.

In der Reflexion soll nach dem „Outward Bound Plus" Modell das Erlebte aufgearbeitet und bewusst gemacht werden, um einen Transfer zum Alltag herstellen zu können.

Die Erlebnisse beim Klettern und die hervorgerufenen Gefühle können vielfältig sein und reichen von „Aha-Erlebnissen" an Schlüsselstellen, Überwindung von Angst über „Ich schaffe es, wenn ich nur will" bis hin zu einer natürlichen Grenzaufzeigung durch die Route oder körperliches Empfinden des Kletterers.

Bei diesen Erlebnissen und Gefühlen kann ein direkter Bezug zum Alltag hergestellt werden. Der Kletterer, der sich zuvor bemüht hat, sein Ziel zu erreichen, kann die Erfahrung, dass Bemühen zum Erfolg führt, in seinen Alltag transferieren, wenn es beispielsweise um die Erreichung persönlicher oder beruflicher Ziele geht. Metaphern[35], die für einen Transfer in den Alltag hilfreich sind, können beim Klettern vielseitig sein: „Die Kletterwand wird zur Zukunft; der Überhang wird zu einem kritischen Lebensereignis, das Seil wird zur Verbindung mit der

35 Eine Metapher ist ein sprachliches Bild, das für einen anderen Begriff oder Gegenstand bewusst eingesetzt wird, um beispielsweise Aussageinhalte zu übertragen, umzuleiten oder umzuschreiben. Dadurch können wichtige Erkenntnisse oder Lernschritte unbemerkt geschehen (vgl. Zuffellato/Kreszmeier 2007, S. 233).

Welt; Griffe und Tritte werden zu Vertrauten und Freunden usw." (Schödlbauer zit. n. Witte 2002, S. 71). Das „Outward-Bound-Plus" Modell baut jedoch nicht zielgerichtet auf Metaphern auf, die einen Zustand verändern oder bewusst machen sollen, in diesem Beispiel unterstützen Metaphern jedoch den Lernprozess.

Jedem Teilnehmer sollte Gelegenheit gegeben werden, über das neu Erlebte zu sprechen. Selbst wenn eine Gruppe in derselben Konstellation schon einmal oder mehrmals an Kletterfelsen war, wird es immer wieder neue Situationen, Überwindungen und Herausforderungen geben.

Der Friluftsliv-Leiter sollte nicht nur offensichtliche, sondern auch unterschwellige Themen aufgreifen, die nicht sofort zur Sprache kommen, wie beispielsweise Ängste. Angst kann sowohl eine schützende als auch hindernde Komponente sein. Angstbewältigung setzt eine aktive Begegnung und Auseinandersetzung mit dem Angstauslöser und der Angst selbst voraus. Durch die Konfrontation mit der Angst und deren Überwindung beim Klettern kann sich die Angst vor der Angst verringern und das Gefühl von Selbstwirksamkeit und Vertrauen in die eigenen Fähigkeiten wachsen (vgl. Zuffellato/Kreszmeier 2007, S. 18 f).

Die Nachbesprechung sollte beim Klettern folgende Inhalte haben:
- bewußte Körperwahrnehmung
- Hilfe nehmen – Hilfe geben
- Vertrauen und Verantwortung
- Umgang mit unterschiedlichen Leistungen
- Gruppenprozesse innerhalb und zwischen den Kleingruppen
- Klettern als Metapher für die eigene Situation (Alltag, Beruf, Schule)"

(Kölsch/Wagner 1998, S. 105 f)

Ein Transfer in den Alltag ist beim Klettern hinsichtlich der Verantwortungsübernahme für andere, Vertrauen, Kommunikation und bei der Überwindung von Angst denkbar (zum Transfer vgl. 3.10).

Es gibt jedoch auch Kritik am „Outward-Bound" Plus-Modell. Der Hauptkritikpunkt besteht darin, dass aus dem Erfahrungslernen durch die erst im Anschluss stattfindende Reflexion ein 'nach-der-Erfahrung-Lernen' wird. Das Lernen in der Aktion und die Erfahrungen verschieben sich auf die Reflexionsrunden. Dadurch können Lernchancen, die in der Aktion selbst liegen, übersehen werden. Zudem können wichtige Erfahrungen durch fehlgeleitete Reflexion verzerrt werden (vgl. Reiners 1995, S. 62; Witte 2002, S. 71).

3.9.3 Das Metaphorische Modell

Das dritte Lernmodell ist das von Stephan Bacon Anfang 1980 entwickelte Metaphorische Modell. Dieses Modell geht wieder von einem Erfahrungslernen in der gestalteten Aktivität und nicht in der anschließenden Reflexion aus.
„Nach seiner [Bacons] Auffassung muß das pädagogische Setting in seiner Struktur der Alltagssituation des Teilnehmers entsprechend 'isomorph'[36] sein" (Heckmair/Michl 2002, S. 54). Einige Verfasser wie Anette Reiners (vgl. 1995, S. 65) benutzen den Begriff „Strukturgleichheit" anstelle von Isomorphie.
Die Isomorphie ergibt sich dadurch, dass ein Kurs eine Art Mikrowelt des Alltags darstellt. Diese Mikrowelt beinhaltet die wichtigsten Elemente aus dem Alltag der „Normalwelt". Kritischen Themen kommen in diesem Mikrokosmos sehr schnell an die Oberfläche (vgl. König/König 2005, S. 65).
Ausgehend davon, dass Teilnehmer einen unterschiedlichen Lebenshintergrund haben, gibt es innerhalb der neu formierten Gruppe unterschiedliche Verhaltensweisen, Vorerfahrungen, Vorurteile sowie persönliche und soziale Kompetenzen. Ein Merkmal kann in einer Gruppe besonders präsent sein, welches der Leiter bewusst machen oder verändern möchte. Als Beispiel dafür nennt Scholz (vgl. 2001, S. 40) einen unkollegialen Umgang zwischen Frauen und Männern in einer betrieblichen Arbeitsgruppe.
Eine Lernziel für diese Zielgruppe wäre also das Erreichen eines kollegialen Miteinander zwischen den Geschlechtern.
Die Formgleichheit zum Alltag ergibt sich dadurch, dass die Gruppenkonstellation, bestehend aus Frauen und Männern der betrieblichen Arbeitsgruppe, in der Aktivität bestehen bleibt. Eine effektive erlebnispädagogische Aktion sollte nach dem Metaphorischen Modell so gestaltet sein, dass dieses Lernziel in der Aktivität offenbar wird, der Leiter den Teilnehmern neue Erfahrungen und Verhaltensmöglichkeiten aufzeigt und dadurch eine Verhaltensänderung ermöglicht wird.
Dafür ist es günstig, eine möglichst große Isomorphie zwischen dem Alltag der Teilnehmer und der Aktivität herzustellen, was von dem Leiter schon bei der Auswahl der Aktivität zu berücksichtigen ist.
„Es müssen die typischen Alltagsprobleme der Teilnehmergruppe ermittelt und dazu isomorphe Situationen konstruiert werden, die einen starken Erlebnis- und Handlungsanreiz enthalten. Die isomorph erlebten Situationen werden zu Metaphern für bestimmte Alltagssituationen und können somit in den Alltag übertragen werden" (Witte 2002, S. 71).

36 Isomorph = von gleicher Struktur

Schon während einer erlebnispädagogischen Aktion kann der Teilnehmer einen bewussten oder unbewussten Vergleich zwischen seinem bisherigen Verhalten und seinem Verhalten während der Aktivität herstellen.
„Nach Bacon befindet sich der Teilnehmer während eines Kurses im Idealfall in zwei Realitäten gleichzeitig: zum einen in der aktuellen Kursrealität, zum anderen – psychologisch gesehen – in der isomorphen Alltagssituation“ (Reiners 1995, S. 65).
Im Alltag kann der Teilnehmer anschließend durch die Isomorphie zwischen den bisherigen und den neu erworbenen Verhaltens- und Handlungsmuster wählen, wie die folgende Abbildung verdeutlicht.

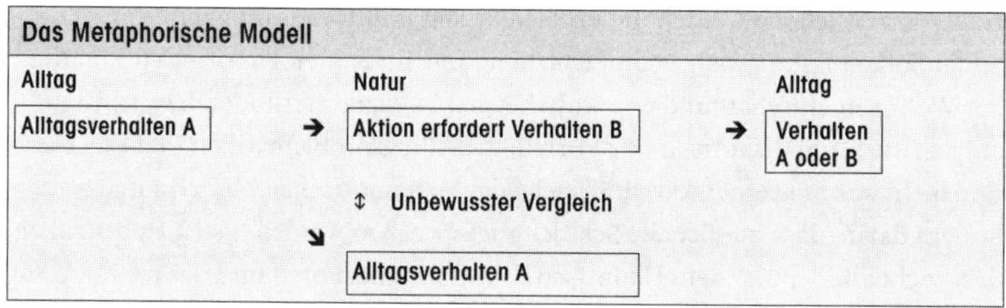

Abb. 14: Das Metaphorische Modell

Nach Bacon (vgl. Witte 2002, S. 72) sind Lernen und Transfer aufgrund der Isomorphie auch ohne Reflexion möglich. Von den Amerikanern Gass, Goldmann und Priest (vgl. Heckmair/Michl 2004, S. 69) hingegen wird die Reflexion als unerlässlicher Bestandteil in diesem Modell gesehen, da diese den Lernprozess unterstützt (inhaltliche Bilanz, Ausdruckshilfe von Gefühlen oder organisatorischer Abschluss). Hier können Verbindungen zwischen Aktivität und Alltag diskutiert werden, wodurch der Transfer verstärkt wird. Die Aktion hat in diesem Lernmodell jedoch eine weitaus höhere Gewichtung als die Reflexion (vgl. Reiners 1995, S. 66).

Nach Witte (vgl. 2002, S. 75) sind aufgrund der unterschiedlichen Anforderungen der Zielgruppen Mischformen der Modelle zulässig, so dass die Metaphern auch in den anderen Modellen nicht ausgeblendet werden müssen. So bedient sich die Friluftsliv-Pädagogik bei ihren Aktivitäten vielseitiger Metaphern (Der Überhang wird beim Klettern zu einem kritischen Lebensereignis, u.ä.) zur Unterstützung des Lernprozesses.
In erster Linie wird im Friluftsliv an Folkehøgskolen oder Kursen des DNT allerdings das „Outward Bound Plus“ Modell angewendet. Das kann daran liegen, dass beispielsweise bei Friluftsliv-Kursen des DNT die Alltagsproblematiken der Teilnehmer nicht von vornherein bekannt sind. Der Ist-Zustand der Gruppe kann in der Regel aufgrund der kurzen Zeitspanne nicht genau ermittelt werden, weswe-

gen eine Umsetzung des Metaphorischen Modells nicht sinnvoll durchzuführen ist. Vor dieses Problem werden auch Kurzkurse in der Erlebnispädagogik gestellt. Die genaue Analyse des Alltags der Teilnehmer wäre zudem gerade bei Kurzzeitprojekten sehr aufwändig.

Bei den Friluftsliv-Schülern einer Folkehøgskole können sich die Alltagsproblematiken (die in diesem Fall das Internatsleben und den Alltag sowie das Miteinander an der Folkehøgskole betreffen) während des Schuljahres herauskristallisieren, so dass das Metaphorische Modell dann Anwendung finden und die entsprechenden Problematiken aufgegriffen werden könnten.
In der Praxis jedoch werden die Problematiken und Unstimmigkeiten an der Sogndal Folkehøgskule während der 14-tägig stattfindenden Haustreffen innerhalb der Wohngemeinschaft und weiterhin bei den 14-tägig stattfindenden „Allmøte“[37] aufgegriffen und diskutiert. Der Vorteil, die Alltagsproblematiken in dieser Form und nicht während einer Aktivität nach dem Metaphorischen Modell aufzugreifen, besteht darin, dass hierbei alle Schüler angesprochen werden. Es ist zu bedenken, dass nicht alle Schüler dem Hauptfach Friluftsliv angehören und das die im Alltag an einem Internat entstehenden Probleme grundsätzlich alle Schüler betreffen.

Die Umsetzung des Metaphorischen Modells ist in der Friluftsliv-Pädagogik bei kommerziellen Anbietern in der Erwachsenenbildung vorstellbar. – Auch in der Erlebnispädagogik wird dieses Modell bei Outdoor-Trainings für Erwachsene eingesetzt. Da sich die kommerziellen Anbieter in Norwegen jedoch wie in 3.7.3 beschrieben nicht gezielt Gedanken über ihre Methoden machen, werden diese Anbieter sich vermutlich auch nicht mit der Anwendung von Lernmodellen auseinander setzen.

Neben der Kritik, dass dieses Modell bei kürzeren Maßnahmen nur schwierig angewendet werden kann, kritisieren Heckmair und Michl (vgl. 2004, S. 69f) zudem, dass der Pädagoge Metaphern und Isomorphien für die jeweiligen Teilnehmer ersinnt und dann mehr oder weniger darauf wartet, dass diese während der Aktion mit Leben gefüllt werden. Außerdem läuft der Leiter Gefahr, durch teils vage Einblicke in das soziale Umfeld der Teilnehmer seinen eigenen Projektionen aufzusitzen und seine Kursteilnehmer mit Missdeutungen und Fehlinterpretationen zu konfrontieren.
Trotz dieser Kritik gilt das Metaphorischen Modell in der Erlebnispädagogik als das Modell der Zukunft und wird vielfach angewendet (vgl. Heckmair/Michl 2004, S. 67f).

37 Deutsche Übersetzung: „Treffen für alle“

Simon Priest hat eine weitere Differenzierung von sechs Lernmodellen entwickelt, die an dieser Stelle jedoch nur benannt und nicht vertieft werden:

- „Handlungslernen pur (learning and doing)
- Kommentiertes Handlungslernen (learning by telling)
- Handlungslernen durch Reflexion (learning through reflection)
- Direktives Handlungslernen (direction with reflection)
- Methaphorisches [sic] Handlungslernen (reinforcement in reflection)
- Indirekt-metaphorisches Handlungslernen (redirection before reflection)"

(Kölsch/Wagner 2004, S. 31).

3.10 Transfer

„Transfer beschreibt die Übertragung von Wissen, erlernten Fertigkeiten, Fähigkeiten und Erkenntnissen, Haltungen und Werten aus einer Lernsituation in andere ähnliche oder Vergleichbare [sic] Situationen und Kontexte" (Zuffellato/Kreszmeier 2007, S. 161).

In einer Kurssituation neu erlernte Verhaltensweisen müssen für einen gelungenen Transfer demnach von dem Erlebnis während einer Aktivität getrennt und in Alltagssituationen übertragen werden.

Der Transfer wird in der (Erlebnis)Pädagogik oft als der größte Unsicherheitsfaktor bezeichnet. Nach dem Ende eines Kurses ist es schwer kontrollierbar, ob die neu erlernten Verhaltensweisen in Alltagssituationen angewendet werden. Trotzdem ist die Frage nach dem Transfer elementar, hängt hiervon doch der Erfolg und die Messbarkeit einer Maßnahme ab.

3.10.1 Transfer im Friluftsliv

Für die Friluftsliv-Pädagogik gibt es nur wenige Hinweise auf den Transfer und die Transfersicherung.

Weinholz (vgl. 1989, S. 156) sieht eine Problematik beim Transfer darin, dass der junge Mensch, der an einer Maßnahme im Friluftsliv teilgenommen hat, dort die Gruppe und Kontinuität erlebt und in diesem Rahmen die Erfahrungen gemacht hat, wichtig zu sein und akzeptiert zu werden. Nach ihrer Rückkehr in den Alltag werden die Teilnehmer ohne weitere Betreuung und Hilfen ihr Lebensumfeld als frustrierend erleben, was bis hin zu schweren Depressionen führen kann.

Die Unterstellung, dass es ohne Nachbetreuung zu schweren Depressionen kommen kann, scheint überzogen, zumal Weinholz seine These nicht belegt. Im Kern möchte Weinholz offenbar ausdrücken, dass für einen Transfer eine Kontinuität über die eigentliche Maßnahme hinaus erforderlich ist. „Der junge Mensch braucht also gerade

nach der eigentlichen Maßnahme die Gruppe, die ihm als 'Forum' bei der Umsetzung seiner Erfahrungen und Vorhaben dient" (Weinholz 1989, S. 156).
Tom Senninger (2000, S. 103) benennt die Verstärkung des Lernerfolgs durch Nachfolgeveranstaltungen ebenso für die Erlebnispädagogik: „In Nachfolgeveranstaltungen können wesentliche Erlebnisse aus dem Projekt wieder erinnert und ihre Auswirkungen auf die Alltagsarbeit diskutiert werden. Dies dient gleichsam einer Auffrischung und Verstärkung der Schlüsselerlebnisse."
Hilfreich ist in Skandinavien, dass Friluftsliv auch als Lebensphilosophie gilt, als Kulturmerkmal betrachtet wird und sich das Interesse hierfür über das gesamte Land erstreckt. Dadurch gibt es Gruppen, die über einen längeren Zeitraum bestehen bleiben, bzw. die sich mit dem einheitlichen Ziel des Friluftsliv neu formieren.
Weinholz (vgl. 1989, S. 156) betrachtet die Gruppe nicht als starre Organisationsform, bei der man sich wöchentlich zur Gruppenstunde trifft. Die mit Aktivitäten kombinierten Gruppentreffen können auch in Abständen von 4–6 Wochen stattfinden. Die lange Zeitspanne zwischen den Treffen zwingt die Teilnehmer, das neu erlernte Verhalten im Alltagsleben zu erproben und nicht von Gruppentreffen zu Gruppentreffen zu leben.

Dadurch, dass Friluftsliv in Skandinavien als Lebensphilosophie und Kulturmerkmal betrachtet wird, werden sich immer wieder neue Gruppen formieren können. Friluftsliv beschränkt sich nicht nur auf eine Maßnahme, sondern wird zum Begleiter auf dem gesamten Lebensweg. Dadurch bleibt eine Kontinuität grundsätzlich bestehen.
Darin liegt ein weiterer Unterschied zur Erlebnispädagogik, deren Kurse in den überwiegenden Fällen über einen begrenzten Zeitraum von einem Wochenende bis hin zu mehreren Wochen stattfinden.

In der Schlussfolgerung sind die Kontinuität des Friluftsliv und die Kontinuität innerhalb einer Gruppe wichtige Voraussetzung für die Übertragung der im Friluftsliv erlernten Verhaltens- und Handlungsweisen in den Alltag.

3.10.2 Transfermodelle

In der Erlebnispädagogik (vgl. Witte 2002, S. 80 f) werden nach Gass drei verschiedene Modelle zur Transfersicherung unterschieden:

1. **Spezifischer Transfer (specific transfer):** Hierbei werden fachspezifisches Wissen und Erfahrungen auf nah verwandte Bereiche übertragen. Der Lernende übernimmt Verhaltensweisen von einer Erfahrung und wendet sie in gleicher Weise auf eine neue Aufgabe an, um diese leichter zu lösen.

Beispiel: Das Feuer machen in der Natur wird auf das Entfachen des Kaminfeuers im Haus übertragen.

2. **Unspezifischer Transfer (non-specific transfer):** Allgemein erlernte Prinzipien und Verhaltensweisen werden in anderen Situationen angewendet.
   Beispiel: Ein Teilnehmer erlernt den Gebrauch von Karte und Kompass und erhält dadurch Anerkennung von der Gruppe. Auch im Alltag kann er durch Fleiß beruflichen Erfolg erzielen und Anerkennung durch seine Kollegen erhalten.
3. **Metaphorischer Transfer (metaphoric transfer):** Diese Art des Transfers geht mit dem in 3.9.3 beschriebenen Metaphorischen Lernmodell einher. Die Aufgaben werden bereits so individuell auf die Teilnehmer zugeschnitten, dass diese die vorkommenden Bilder leicht in ihren Alltag übertragen können.
   Beispiel: Erfolg und Durchhaltevermögen bei einer Kletterroute kann zu Erfolg und Durchhaltevermögen am Arbeitsplatz führen. Die Kletterroute stellt hier die Metapher dar.

„Alle drei Transfermodelle können in der Erlebnispädagogik auftreten" (Witte 2002, S. 80 f). Für die Friluftsliv-Pädagogik gilt dasselbe: Die für die drei Transfermodelle gewählten Beispiele „Feuer machen", „Gebrauch von Karte und Kompass" und „Kletterroute" sind Aktivitätsformen aus der Friluftsliv-Pädagogik.

3.11 Abschließende Betrachtung der Friluftsliv-Pädagogik

Friluftsliv-Pädagogik ist ein ausschließlich skandinavischer Ansatz. Friluftsliv ist dort als Kulturerbe tief verwurzelt und macht einen Teil der norwegischen Identität aus. Für die Umsetzung des Friluftsliv gibt es in Norwegen staatliche Unterstützungen. Neben politischen Interessen soll der Bevölkerung durch die Zuschüsse ein Raum für die Umsetzung der Friluftsliv-Interessen gegeben werden.

Die aus dem Friluftsliv entwickelte Friluftsliv-Pädagogik wird zunehmend umgesetzt.
„Während der letzten 3–10 Jahre haben viele Menschen eingesehen, dass Friluftsliv – auch aus pädagogischer Sicht – wertvoll ist: Friluftsliv bietet eine Vielfalt an Erfahrungen, Erlebnissen und Möglichkeiten für die Persönlichkeitsentwicklung in der Natur. Das gilt für Menschen aller Altersgruppen. Der Fokus liegt an dieser Stelle [in der Pädagogik] jedoch mehr bei Kindern und Jugendlichen" (Repp 2006, S. 100).

Kritische Stimmen zur Friluftsliv-Pädagogik gibt es im Gegensatz zu der Erlebnispädagogik nicht.
„Normalerweise ist es relativ einfach, ausführliche Kritik an bestimmten pädagogischen Konzepten zu finden. Jedoch war es mir trotz intensiver Suche weder in der Bibliothek meiner norwegischen Hochschule [Hochschule Stord/Haugesund;

S.B.] noch im Internet möglich, Literatur zu finden, die sich kritisch mit Friluftsliv auseinander gesetzt hat. Ebenso wenig konnten mir meine norwegischen Lehrer weiterhelfen" (Melzer 2007, S. 120).

Lediglich Lars Monsen (vgl. 1998, S. 269) äußert in seinem Buch „Villmarksboka. En håndbok i friluftsliv"[38] wie in 2.4.2 beschrieben Kritik darüber, dass alte Werte verkommen und das traditionelle Friluftsliv zunehmend zu einem Spielball der Bekleidungs- und Ausrüstungsindustrie wird. Diese Kritik bezieht sich jedoch nicht auf die Pädagogik im Friluftsliv. Ähnliche Kritikpunkte äußert auch Nils Faarlund (s. 2.4.1).

Die Friluftsliv-Pädagogik ist ein handlungsorientierter Ansatz. Dabei sprechen pädagogisch wertvolle Erlebnisse „Kopf, Herz und Hand" an, wie es Pestalozzi für das ganzheitliche Lernen formulierte. Denken, Fühlen und Handeln werden dabei im Zusammenhang betrachtet.
Die Erlebnisse sollen bei einem handlungsorientierten Ansatz auf den Ebenen der Psyche und des Körpers wirken. Die Handlungen führen zur Konkretisierung und fördern dadurch die Eingebundenheit der Teilnehmer in den Lernprozess. Durch Handlungen bekommen Menschen die Möglichkeit, Ressourcen und Fähigkeiten zu entdecken, zu zeigen und zu nutzen, neue Wege auszuprobieren, um so ihren Handlungsspielraum zu vergrößern (vgl. Zuffellato/Kreszmeier 2007, S. 60).
Die Aktivitäten im Friluftsliv, bei denen Handlungen in diesem Sinne durchgeführt werden können, sind zahlreich. Praktische Erprobung und konkretes Handeln sind grundlegende Elemente der Friluftsliv-Pädagogik.
Beispiel: Durch das Erlernen des Gebrauchs von Karte und Kompass können sich Teilnehmern zahlreiche neue Möglichkeiten eröffnen. Mit dem neu erworbenen Wissen können Teilnehmer allein Touren in die Wildnis unternehmen, zu Flussläufen finden, wenn sie durstig sind oder Abkürzungen finden, wenn das Gelände eine Abkürzung zulässt und der Pfad gerade anders verläuft. Mit Karte und Kompass in der freien Natur unterwegs zu sein eröffnet ein Gefühl von Freiheit, wodurch Seele und Psyche angesprochen werden.

Die Friluftsliv-Pädagogik baut ebenso auf das Erfahrungslernen auf.
„Der Begriff Erfahrungslernen bezeichnet zunächst jene Lerneffekte, die nicht notwendigerweise pädagogisch intendiert waren. Ganz im Sinne Rousseaus gewinnt das Kind Erkenntnisse durch die aktive und selbst bestimmte Auseinandersetzung mit der Umwelt. Es 'fährt' sozusagen in die Welt und erschließt sich somit neue Lebens- und Lernfelder" (Heckmair/Michl 2002, S. 88).

38 Deutsche Übersetzung: Wildnisbuch. Ein Handbuch über Friluftsliv.

Der nicht pädagogisch intendierte Lerneffekt kann sich bereits aus scheinbar harmlosen Situationen ergeben.
Beispiel: Ein Schüler geht vom Lagerplatz im winterlichen Gelände los, um mehrere Thermosflaschen für seine Kleingruppe an einem kleinen, noch offenem Bachlauf mit Wasser zu füllen. Als er nach paar Minuten zum Lagerplatz zurückkehrt und die erste Flasche öffnen möchte, ist der Verschluss bereits zugefroren.
Der Lerneffekt bezieht sich hier zunächst auf Fertigkeiten, die das Friluftsliv betreffen. Eine solche Situation schult daneben jedoch auch die Wachsamkeit der Teilnehmer im Allgemeinen.

Als zentrale Merkmale in der Friluftsliv-Pädagogik sind das „Vegledning" als Leitungsform und Methode, die Gruppe als Arbeitsform und Gemeinschaft, sowie das Lernen durch Erlebnisse zu benennen.

4. Das Erlebnis

Das Erlebnis stellt nicht nur in der Friluftsliv-Pädagogik einen zentralen Aspekt dar. „Der Begriff des Erlebens spielt in nahezu allen reformpädagogischen Bewegungen eine zentrale Rolle. Als Kurt Hahns historisches Verdienst kann gelten, dass durch seine Theorie der Erlebnistherapie die verschiedenen Fäden einer Pädagogik des Erlebens wohl eher unbewusst als beabsichtigt verknüpft werden" (Heckmair/Michl 2004, S. 32).
Erlebnisse können vieler Art sein. Zudem ist ein Erlebnis sehr subjektiv. So können Bungee-Sprünge, das Abseilen in eine Schlucht oder ein Kinobesuch subjektiv ein Erlebnis darstellen – oder auch nicht.
Der Erlebnisbegriff wurde in den letzten Jahren verzerrt. So wird der Einkauf in einem Erlebniskaufhaus getätigt, und am Wochenende fährt man in einen Erlebnispark. Eine genaue Annäherung an den Erlebnisbegriff scheint daher sinnvoll zu sein.

4.1 Begriffsdefinition

Der Begriff „Erlebnis" ist ab Anfang des 19. Jahrhunderts literarisch nachweisbar. Zunächst wird er synonym zu Ereignis verwendet, wandelt sich dann jedoch in Richtung Abenteuer. Wilhelm Dilthey (1833–1911) verknüpfte das Erlebnis mit Bedeutsamkeit und prägte den Erlebnisbegriff maßgeblich (vgl. Scholz 2001, S. 19f).
Dilthey sah im Erleben die Grundlage für Erkenntnis, wobei die Wirkung, die das Erleben auf den Einzelnen hat, an die jeweils individuelle Bedeutung des Erlebnisses geknüpft ist. Die Art, wie empfunden wird, ist unmittelbar und subjektiv und beeinflusst die Wirkung des Erlebnisses (vgl. Neubert 1990, S. 20 ff).

Eine allgemeine Definition gibt das Lexikon für Erlebnispädagogik (Zuffellato/Kreszmeier 2007, S. 44):
„Ein Erlebnis ist ein ganzheitlicher Akt, der Körper, Seele, Bewusstsein und Emotionen anspricht. Ein Erlebnis zeichnet sich als besonders intensive Erfahrung mit hohem affektiven[39] Gehalt aus. Ebenfalls groß ist die persönliche Relevanz, ein Erlebnis ist 'ich-wirksam'. Im Spannungsmoment eines Erlebnisses zeigt sich etwas Neues, etwas für die Person bisher Fremdes oder Überraschendes. ... Erlebnisse stellen verdichtete Lernsituationen dar, die Quantensprünge in einem Prozess hervorrufen. ... ."

39 affektiv = gefühlsbetont

„Was auch immer im Hier und Jetzt geschieht, ob man träumt, nachdenkt, ein Geräusch hört usw. – das Ereignis wird erst durch seine Integration in einem schon vorhandenen subjektiven Kontext zum Erlebnis“ (Schulze 2005, S. 44).
Erlebnisse sind demnach subjektbestimmt. Es kann lediglich eine Erlebnissteuerung durch eine Manipulation der Situation versucht werden.
Der Ausgang des Erlebnisses ist offen, was die prägende Wirkung ausmacht. Es kann positiv oder negativ sein. Gerade dies ist für die Identitätsbildung bedeutsam, da durch negatives Erleben auch die Bewältigung von Krisen erlernt wird und die Persönlichkeit daran ebenso wächst (vgl. Witte 2002, S. 20).

4.2 Erlebnisarmut

Erlebnisse im Sinne der zuvor aufgeführten Definition werden heute immer seltener. Die Lebenswelt der Stadt ist geprägt von Erlebnisarmut, Funktionalisierung von Flächen und Räumen und dem Rückzug der Kinder und Jugendlichen in fiktive Welten. Passivität ist an die Stelle von Aktivität getreten. An Stelle des eigenen Spiels erleben Kinder und Jugendliche heute eine Welt von Abenteuerhelden auf dem Bildschirm, die stellvertretend für sie selbst aufregende Situationen erleben.

„Das Leben wird immer stärker aus der Zuschauerperspektive gelebt. Das führt zu einem großen Mangel an Bewegung und Körpererfahrung, der auf andere Art und Weise ausgeglichen werden muß. ... Sie (die Eltern; S.B.) stellen die Kinder damit (Fernseher und Gameboy als Erziehungsmittel; S.B.) in hellhörigen Wohnungen ruhig, verschaffen sich kinderfreie Zeiten, halten die Kinder von gefährlichen Plätzen fern und begegnen der kindlichen Langeweile, ohne selbst aktiv werden zu müssen. ... So erleben Kinder wichtige Naturerfahrungen, entscheidende Sinneseindrücke, Spiel und Auseinandersetzung mit Gleichaltrigen als 'Sekond-Hand-Erfahrung' nur noch durch die Medien“ (Brandt 1998, S. 20).

Wolfgang Antes (vgl. 1999, S. 13) stellt fest, dass die Jugendzeit zu einer Medienzeit geworden ist. Die Lebenswelten junger Menschen sind von Erlebnisarmut und einem damit verbundenen Kontaktverlust zur Realität gekennzeichnet.

Gerhard Schulze (vgl. 1994, S. 116 f) sieht eine Vermehrung und zeitliche Verdichtung der Erlebnismittel (Fernsehprogramme, Urlaubssituationen, ...), wodurch das Gegenteil dessen erreicht wird, was beabsichtigt wurde. – Der Versuch der Vermehrung von Erlebnissen führt zu einer Erlebnisverarmung.

4.3 Erlebnis Natur

„Dem Rückzug in die virtuellen Welten kann die Natur als Partner entgegengestellt werden, in der Wahrnehmen, Erleben, Spielen und Sporttreiben [sic] die Kompensationsmittel sind. Gerade Norwegen bietet mit seiner Landschaft einen idealen Rahmen für naturbezogene Erfahrungs- und Lernprozesse“ (Buschmann/Michels/Wassong 2007, S. 157).
Die Natur kann im erlebnisorientierten Sinne für Friluftsliv als einer der bestimmenden Faktoren angesehen werden (vgl. Liedtke 2007, S. 106). Das Erleben von Ästhetik, Stimmung und Atmosphäre, Eingebundenheit, Freiheit, Klarheit, Werten und Intensität ist in der Natur leichter als anderswo (vgl. Liedtke, S. 108).

Schon Jean-Jacques Rousseau erkannte den hohen Eigenwert der Natur und nutzte diesen als Erziehungsmittel. Einfachheit, natürliche Bewegung in der Natur, unmittelbares Lernen durch die Sinne, Lernen aus eigenen Erfahrungen und der Erwerb von Selbständigkeit sind die Grundsäulen seiner Erziehungsphilosophie.
„Naturerleben ist eine pädagogisch vermittelte Begegnung von Menschen und Natur in der Absicht, intensive Gefühlseindrücke hervorzurufen“ (Maassen 1995, S. 181). In der Erlebnispädagogik hat das Naturerleben eine ebenso hohe Relevanz wie in der Friluftsliv-Pädagogik.

4.3.1 Natur als Erlebnisraum

Die Naturräume eröffnen durch ihre Vielseitigkeit und Lebendigkeit eine Vielfalt an Handlungsalternativen, sowie Erlebnis- und Erfahrungsmöglichkeiten. Die Erlebnismöglichkeiten in der Natur haben einen besonderen Wert, da sie in menschlich geprägten Räumen nicht oder nur schwer zu erlangen sind.
Die Natur ist der ausschließliche Erlebnisraum, in dem Friluftsliv-Aktivitäten stattfinden. In der Erlebnispädagogik beschränkt sich der Erlebnisraum hingegen nicht ausschließlich auf die Natur.
Zwar wird die Natur als der traditionelle Ort für erlebnispädagogische Aktivitäten angesehen, jedoch nutzt „City Bound“[40] bewusst Städte als Erlebnisraum, um neue Erfahrungen für eine reflexive Auseinandersetzung mit dem Lebensraum Stadt zu ermöglichen. Dadurch sollen die gesellschaftlichen und individuellen Lebensbedingungen der Teilnehmer erkannt und verändert werden (vgl. Eichinger 1995, S. 7).

---

40 City Bound bezeichnet Erlebnispädagogik in der Stadt. Zwar fehlen hierbei Kraft und Möglichkeiten der Naturräume, jedoch sind Methoden und Grundhaltungen weitgehend gleich. Den Teilnehmern werden Aufgaben wie das Führen von Interviews oder das Sammeln von Informationen gestellt (vgl. Zuffellato/Kreszmeier 2007, S. 180).

Daneben werden erlebnispädagogische Maßnahmen auch in Kletterhallen oder in anderen geschlossenen Räumen wie Turnhallen durchgeführt.

Die Natur ist ein Erlebnisraum, der pädagogisch wertvolle Lerngelegenheiten bietet. Eine Besonderheit ist, dass Erlebnisangebote in der Natur nur bis zu einem gewissen Grad planbar sind:
„Regen, ein Hochwasser am Fluss, ein Fuchs in der Essenkiste bringen auf einer Mehrtagestour schnell ganz neue, vorher nur bedingt planbare, authentische Herausforderungen für den Einzelnen und die Gruppe, die sich häufig als wertvolle Lernsituationen nutzen lassen. Keine inszenierte Aktion kann die Komplexität, Variabilität und Ernsthaftigkeit von Natur nachbilden“ (Liedtke/Lang/Jakob 2004, S. 214).

4.3.2 Unmittelbarkeit der Natur

Henry David Thoreau (1817–1862), der als wichtiger Wegbereiter der Erlebnispädagogik gilt, erkannte und benannte die Unmittelbarkeit und die stärkende Kraft der Natur. Sein Ziel war die ursprüngliche und unmittelbare Hinwendung zum Leben.
Der Lehrer und Landvermesser zog sich von Juli 1845 bis September 1847 in ein von ihm selbstgebautes Blockhaus am Walden-See in Concord – 300 km nordwestlich von New York – zurück. In dieser Zeit verfasste er sein Buch „Walden or, Life in the Woods“, das auch Nils Faarlund inspirierte (vgl. Larcher 2000, S. 9). In seinem Selbstversuch wollte er den eigentlichen Lebensbedürfnissen nachgehen und ein bedürfnisloses Leben führen, um zu dem eigentlich Wichtigen vorzustoßen:
„Ich zog in den Wald, weil ich den Wunsch hatte, mit Überlegung zu leben, dem eigentlichen, wirklichen Leben näherzutreten, zu sehen, ob ich nicht lernen konnte, was es zu lehren hatte, damit ich nicht, wenn es zum Sterben ginge, einsehen müßte, daß ich nicht gelebt hatte“ (Thoreau 2004, S. 141).

Thoreau befasste sich mit der Naturphilosophie und nutzte die umliegende Natur, um an ihr zu Lernen und zu Experimentieren.
Heckmair und Michl (vgl. 2004, S. 23–30) bezeichnen das Walden-Experiment als einen praktischen Versuch einer Erziehung durch die Natur. Die Fragen, wie man wirklich Freiheit erlangt, was die eigentlichen Lebensbedürfnisse sind und ob der Sieg der Menschen über die Natur nicht ein Scheinsieg sei, gelten in diesem Experiment als Grundmotive, Grundfragen und Hypothesen.
Thoreau sah die amerikanische Gesellschaft, die nach unnötigem Luxus trachtete und die Natur zerstörte, als moralisch krank an. Nach seiner Auffassung ist Luxus ein Hindernis auf dem Weg zur Erkenntnis. Er wollte die Gesellschaft wieder zurück

zur Natur führen. Durch sein Experiment wollte er zeigen, dass durch die Reduktion unnötigen Konsums eine solide Lebensgrundlage aufgebaut und erhalten werden kann. So wendete er sich für zweieinhalb Jahre dem ursprünglichen und unmittelbaren Leben zu. Er lebte dabei nach seiner These „Erforsche die Natur, erkenne dich selbst, und du erkennst Gott" in freiwilliger Armut in der Einsamkeit der Wälder.

4.4 Das Erlebnis im Friluftsliv

Wie bereits in 2.3 festgestellt, stellt das Erlebnis gleichberechtigt neben der Natur und der Aktivität eines der drei Elemente im traditionellen Friluftsliv dar. Diese drei Elemente überschneiden sich in der Praxis. So finden die in 4.3.1 benannten Erlebnisse im Friluftsliv ausschließlich in der Natur statt. Das Leben in der Natur ist reich an bedeutungsvollen Erlebnissen und stellt somit einen besonderen Erfahrungsraum dar.

Die Erlebnisse im Friluftsliv sind gekennzeichnet durch folgende Aspekte:
- Natur
- Einfache materielle Mittel
- Leichtigkeit bei gutem Wetter
- Beschwerlichkeit bei schlechtem Wetter
- Körperliche Anstrengungen
- Erlebnisse mit sich selbst, der Gruppe und der Natur
- Übernahme von Verantwortung
- Physische und psychische Grenzerfahrungen
- Erwerb von Fähigkeiten und Fertigkeiten
- Sich Einlassen auf etwas Neues
- Vertrauen
- Herausforderungen
- Ruhe

Tordsson (vgl. 1993, S. 37) unterteilt das Erlebnis im Friluftsliv in mehrere Bestandteile wie Naturerlebnis, Freiheitserlebnis und dem Erlebnis von Gemeinschaft.

Im Folgenden werden die Kennzeichen des Erlebnisbegriffes (Definition s. S. 102) unter Zuhilfenahme von vorangegangenen Kapiteln auf das Erlebnis im Friluftsliv übertragen:
- **Körper, Seele, Bewusstsein und Emotionen** werden angesprochen: Das Erlebnis im Friluftsliv fordert alle Sinne. Das direkte Lernen, bei dem man „mit dem ganzen Körper" versteht, ist Ausgangspunkt für das Lernen im Friluftsliv (s. 3.8). Zudem liegen körperliche Aktivitäten dem Friluftsliv-Erlebnis zu Grunde, da die Fortbewegung aus eigener Muskelkraft geschieht (s. 2.1 und 2.3). Die Seele

wird durch den Erlebnisraum Natur angesprochen. Bewusstsein und Emotionen werden durch die reellen und gefährlichen Situationen im Friluftsliv geschärft und angesprochen, wie zum Beispiel im winterlichen Gebirge (s. 3.4.1).

- **Besonders intensive Erfahrungen mit hohem affektiven Gehalt** können wie in 3.2.2 beschrieben durch prägende Naturerlebnisse hervorgerufen werden. Auf einen affektiven Gehalt deutet hin, dass Naturerlebnisse ein Gefühl der Zugehörigkeit hervorrufen, ein Umweltbewusstsein fördern sowie ein positives Verhältnis zur Natur entstehen lassen können.
- Eine **persönliche Relevanz/"Ich-Wirksamkeit"** im Erlebnis ergibt sich, wenn die Erlebnisse verinnerlicht und angenommen werden.
- **Etwas Neues, bisher Fremdes** wird in einer Vielzahl von Friluftsliv-Aktivitäten (s. 3.3) erlebt, wenn es z.B. um Eisklettern an einem gefrorenen Wasserfall, Feuer machen im Schnee oder um Orientierung anhand von Karte und Kompass im Nebel geht. Etwas Überraschendes kann sich im Friluftsliv immer ergeben, da Erlebnisse in der Natur nur bis zu einem gewissen Grad planbar sind (s. 4.3.1).
- **Verdichtete Lernsituationen** sind gegeben. Wie in dem in 3.2.5 angeführten Beispiel „Lager machen" setzen viele Arbeitsprozesse gleichzeitig ein, die die verdichtete Lernsituation verdeutlichen.

Das Erlebnis im Friluftsliv erfüllt die Bestandteile der allgemeinen Definition des Erlebnis-Begriffes nach Zuffellato und Kreszmeier.

4.5 Das Erlebnis in der Erlebnispädagogik

Aus dem Wort Erlebnispädagogik ergibt sich eine Relevanz für das Erlebnis in diesem pädagogischen Ansatz.
Bereits in Kurt Hahns (vgl. o.J. [1958], S. 74) Konzept der Erlebnistherapie war das Erleben ein fester Bestandteil. Die Elemente dieses in den damaligen Kurzschulen angewandten Konzeptes waren

1. die sportliche Betätigung,
2. das Projekt,
3. die Expedition und
4. der Rettungsdienst.

Durch diese Elemente sollte eine Erziehung zur Verantwortung erreicht werden, die die Kinder vor den von Hahn formulierten vier Verfallserscheinungen (Verfall der körperlichen Tauglichkeit, der Sorgsamkeit, der persönlichen Initiative und der menschlichen Anteilnahme) des modernen Lebens bewahren sollten. Die vier Elemente der Erlebnistherapie bezeichnete Hahn (vgl. o.J. [1958], S. 78) als Kraftquelle. Hahn (vgl. Schwarz 1968, S. 195) ging von einer unsichtbaren Nachwirkung der Erlebnisse aus. In der Pädagogik nach Hahn wird von einem Erlebnis bei Abenteuer und Wagnis, von einem Naturerlebnis, einem Leistungserlebnis, einem Kameradschaftserlebnis und einem Rettungserlebnis gesprochen. Parallelen gibt es zu der auf Seite 106 beschriebenen Unterteilung nach Tordsson hinsichtlich des Naturerlebnisses, Kameradschaftserlebnisses und im weitesten Sinne zum dem Erlebnis bei Abenteuer und Wagnis, das Tordsson als Freiheitserlebnis bezeichnet. Hahn baute darauf auf, dass diese Erlebnisse bei den Teilnehmern eine „heilende" Wirkung, bezogen auf die vier Verfallserscheinungen, hervorriefen. Die Wirksamkeit dieser Erlebnistherapie hängt im Wesentlichen von der Erlebnisqualität der Aktionen ab. Denn je mehr der Teilnehmer die Aktionen für sich als außergewöhnliches Erlebnis wahrnimmt, desto tiefgreifender ist die heilende Wirkung. Heilsame Erinnerungsbilder, die auch Jahre später noch abrufbar sind, sollen bei späteren Bewährungsproben steuernd wirken.

„Erlebnispädagogik versucht Erlebnisse zu ermöglichen, die als Herausforderungen erlauben, neue Möglichkeiten auszuprobieren und Lösungen zu entwerfen. Erlebnisse werden so zu prägenden Selbst-Erfolgs-Erfahrungen" (Zuffellato/Kreszmeier 2007, S. 44).
Um solche Erlebnisse zu ermöglichen, werden in der Erlebnispädagogik heute Situationen arrangiert – und im Idealfall wird die Weiterverarbeitung begleitet.

Als Beispiel für eine arrangierte Situation in der Erlebnispädagogik wird hier auf das Segeln als ein klassisches Medium der Erlebnispädagogik eingegangen.
Nach der Definition von Zuffellato und Kreszmeier sollte das Erlebnis in der Erlebnispädagogik den Teilnehmern Herausforderungen bieten, sowie ihnen die Möglichkeit zum Ausprobieren und das Entwickeln von Lösungsentwürfen ermöglichen, damit das Erlebnis zu einer Selbst-Erfolgs-Erfahrung werden kann.

1. **Herausforderungen:** In vielen Fällen ist das Segeln für die Teilnehmer eine neue Erfahrung. Der Mikrokosmos Schiff ist gekennzeichnet durch feste Normen und Regeln, die aus Gründen der Sicherheit nicht zur Debatte stehen, sowie einen engen Raum, bei dem Rücksichtnahme und Toleranz erforderlich sind. Der Alltag auf einem Schiff stellt die Teilnehmer vor die Herausforderung, sich in dieser speziellen Situation anzupassen.

2. **Möglichkeiten zum Ausprobieren:** Das Schiff als „Neuland" bietet zahlreiche Möglichkeiten zum Ausprobieren, wie zum Beispiel das Klettern ins Rigg, das Üben von Segelmanövern, das Abstecken von Kursen auf der Karte, das Steuern des Schiffes, usw..

3. **Entwicklung von Lösungsentwürfen:** Auf der folgenden Abbildung wird einer Gruppe von drei Jugendlichen[41] anhand einer Skizze gezeigt und erklärt, wie eine Wende gesegelt wird, was bei diesem Segelmanöver zu beachten ist und wie das Schiff dabei reagiert. Nach dieser Einweisung haben diese drei Teilnehmer die bevorstehenden notwendigen Arbeitsschritte und entsprechendes Timing noch einmal durchgesprochen, bevor sie das Segelmanöver selbständig gesegelt sind und den Rest ihrer Gruppe (acht weitere Teilnehmer) dabei angeleitet haben. Die selbständige Umsetzung des Manövers sowie das Erkennen von Problemen und die daraus zu entwickelnden Lösungen lagen in der Hand dieser drei Teilnehmer.

Abb. 15: Erklärung für ein folgendes Segelmanöver (Foto: S.B.)

Die Verantwortungsübernahme bei einer solchen Schiffsübernahme hat Ernst-Charakter und fordert Jugendliche hinsichtlich besonderer Umsicht und anhaltendem Engagement. Erlerntes kann hierbei „begriffen" werden und die Ergebnisse der Handlungen können direkt überprüft werden (vgl. Soitzek 1988, S. 58). Auf einem Segelschiff können zahlreiche Situationen arrangiert werden, um Erlebnisse zu ermöglichen, die zu Selbst-Erfolgs-Erfahrungen führen können.

41 Dieses Praxisbeispiel stammt von der „Deutsch-Baltischen-Jugendbegegnung" der Nordelbischen Kirche im Jahr 2005, durchgeführt auf den Segelschiffen „Carola" und „Zuversicht" des Vereins Jugendsegeln e.V..

4.6 Kritische Betrachtung des Erlebnisbegriffes

Viele Erlebnisse sind heute künstlich arrangiert und sind wie beim Bungeejumping auf eine sofortige Bedürfnisbefriedigung ausgelegt. Die Entwicklung geht hin zu einem flüchtigen Rausch, der von Anbietern vorbereitet wird, so dass der Verbraucher ihn nur noch konsumieren muss.
Es entwickelt sich ein Dienstleistungssektor, der sich auf die „Vermittlung von Erlebnissen" konzentriert. So sind „Erlebnisreservate" wie Erlebnisbäder und Erlebnisparks entstanden, die Nervenkitzel garantieren (vgl. Heckmair/Michl 2004, S. 290).

Der in 4.2 geschilderten Erlebnisarmut der heutigen Gesellschaft soll mit arrangierten Angeboten von Erlebnissen entgegengewirkt werden. Diese arrangierten Erlebnisse sind berechenbar, oberflächlich und werden oft passiv erlebt und konsumiert.
Der Soziologe Gerhard Schulze sorgte im Jahre 1992 mit seinem Buch „Die Erlebnisgesellschaft" für Furore. „Das Leben schlechthin ist zum Erlebnisprojekt geworden" (Schulze 2005, S. 13) heißt es darin. Selbst normale Konsumgüter, Wohnsituationen und Essgewohnheiten werden als Erlebnis vermarktet (vgl. Schulze 2005, S. 13).

Erlebnisorientierung ist ein Kennzeichen der heutigen Gesellschaftsform. Als Erlebnisorientierung wird die unmittelbare Form der Suche nach Glück bezeichnet. Der Erlebnisorientierung entgegengesetzt ist ein Handlungsmuster der aufgehobenen Befriedigung: Sparen, langfristiges Liebeswerben, zäher politischer Kampf, vorbeugendes Verhalten aller Art, hartes Training, Entsagung und Askese. Bei Handlungen dieses Types wird die Glückshoffnung in eine ferne Zukunft projiziert, beim erlebnisorientierten Handeln richtet sich der Anspruch ohne Zeitverzögerung auf die aktuelle Situation. Man investiert Geld, Zeit und Aktivität und erwartet im selben Moment den Gegenwert (vgl. Schulze 2005, S. 14).

Der Alltag orientiert sich zunehmend am schnell greifbaren Erlebnis. Das Arrangieren von Erlebnissituationen führt jedoch nicht zwangsläufig zu einem Erlebnis. „Wir können versuchen, eine besonders günstige äußere Situation herzustellen, aber das angestrebte innere Ereignis, das Erlebnis, ist damit nicht identisch" (Schulze 2005, S. 14).

Wir stehen heute einem verwirrenden Angebot an arrangierten, vermarkteten und umworbenen Erlebnismöglichkeiten gegenüber. Diese Erlebnisse haben mit den Erlebnissen, wie sie für die Friluftsliv-Pädagogik und die Erlebnispädagogik beschrieben wurden, nichts gemeinsam.

5. Friluftsliv und Erlebnispädagogik

Die Friluftsliv-Pädagogik wurde nun ausführlich beschrieben und Verbindungen zur Erlebnispädagogik hergestellt. Friluftsliv wurde dabei bewusst nicht in das deutsche System übertragen. Obwohl wir in Deutschland ungünstigere geographische Rahmenbedingungen für Aktivitäten in der Natur vorfinden als in Norwegen, könnten Friluftsliv-Maßnahmen auch hier theoretisch durchgeführt werden – unser Nachbarland Dänemark, in dem es ähnliche geographische Rahmenbedingungen gibt wie in Norddeutschland, macht es vor. Auch in Dänemark kann Friluftsliv studiert werden. In dem Entstehungsland der Folkehøgskolen wird an Universitäten und Hochschulen ebenso wie in Schweden und Norwegen das Hauptfach Friluftsliv angeboten, und das allgemeine Interesse am Friluftsliv ist dort tendenziell steigend.
Jedoch ist eine Übertragung nach Deutschland nicht sinnvoll, da Friluftsliv hier keine Wurzeln hat und dieser Ansatz hier somit nicht den Vorteil seines enormen Eigenwertes durch die allgemeine Anerkennung in der Gesellschaft genießen würde.

Umgekehrt macht es nach Bischoff (vgl. 1996, S. 95 f) ebenso keinen Sinn, Ansätze aus anderen Ländern für das Friluftsliv zu übernehmen, da man sich nicht auf Resultate stützen sollte, die in anderen Ländern unter einer ganz anderen Zielsetzung gemacht wurden.

Die Parallelen und Differenzen zwischen den beiden pädagogischen Ansätzen, die sich in den vorangegangenen Ausführungen herauskristallisiert haben und an den entsprechenden Textstellen bereits benannt wurden, werden noch einmal zusammengefasst.

5.1 Parallelen

Als wichtige Wegbereiter der Erlebnispädagogik gelten Jean-Jacques Rousseau, Henry David Thoreau, John Dewey und Kurt Hahn (vgl. Heckmair/Michl 2004, S. 15–59; Reiners 1995, S. 11–17; Witte 2002, S. 23–32). Auf diese Vordenker wurde bereits in unterschiedlichen Zusammenhängen Bezug genommen.
Die Friluftsliv-Pädagogik ist zwar einzig und allein in Skandinaven entstanden, jedoch wurde auch dieser Ansatz durch diese vier Größen beeinflusst.

Jean-Jacques Rousseau erkannte im 18. Jahrhundert den Wert der Natur als Erziehungsmittel. Er war durch diesen Gedanken eine bedeutungsvolle Person bei der Entwicklung der Friluftsliv-Pädagogik (vgl. Brügge/Szczepanski 2007, S. 49;

Melzer 2007, S. 90; Tordsson 1993, S. 124–127; Breivik 2000, S. 118). Tordsson (vgl. 1993, S. 126) betont Rousseaus Einfluss bei der Entwicklung von Methoden in der Friluftsliv-Pädagogik. Für Rousseau waren das Erlebnis und die Relevanz des Lernens in und aus Situationen der Schlüssel zum Verständnis. Die eigene aktive Handlung und das verantwortliche Übernehmen der daraus entstehenden Konsequenzen sah er als wichtig an. Rousseau gilt weiter als ein Vordenker der in 2.5.2 beschriebenen Uteskole (vgl. Vingdal/Hollekim 2001, S. 281).

Henry David Thoreau, der in dem hohen Eigenwert der Natur eine Chance sah, hatte einen bedeutenden Einfluss auf die Entwicklung des Friluftsliv (vgl. Repp 1996, S. 34; Brandt 2007, S. 27; Sandell/Sörlin 2000, S. 275; Tordsson 1993, S. 130; Faarlund 2007a, S. 17). Insbesondere Nils Faarlund greift auf Thoreaus Denkanstöße zurück (vgl. Larcher 2000, S. 9).

Learning by doing steht als Charakteristikum und Maxime für John Dewey (vgl. Bittner 2001, S. 92). Diese Formel wird in der Erlebnispädagogik wie auch in der Friluftsliv-Pädagogik (s. 3.7.2) und der Uteskole (s. 2.5.2) als Methode und Prinzip angewendet und hat demnach einen Einfluss auf die Friluftsliv-Pädagogik (vgl. Brügge/Szczepanski 2007, S. 48–52; Tordsson 1993, S. 128).

Von Kurt Hahn wird in der Literatur keine konkrete Beeinflussung des Friluftsliv benannt (vgl. Tordsson 1993, S. 131 ff; Brügge/Szczepanski 2007, S. 52), jedoch beschreiben diese Verfasser Parallelen zwischen Outward Bound und dem Gedanken des Friluftsliv hinsichtlich der Aktivitätsformen und dem Wert des Erlebnisses in der freien Natur.
Tordsson nimmt eine beinahe identische Unterteilung von Erlebnissen vor wie Hahn (s. 4.5).

Jean-Jacques Rousseau, Henry David Thoreau, John Dewey und Kurt Hahn können für die Friluftsliv-Pädagogik zwar nicht wie in der Erlebnispädagogik als Wegbereiter bezeichnet werden, jedoch wurde diese Pädagogik durch deren Gedankengut beeinflusst.

Die in 3.3 beschriebenen Aktivitäten im Friluftsliv wie Wandern und Bergsteigen, Klettern, Gletschertouren, Segeln und Rudern, sowie Skilaufen und Schneeschuhwandern sind ebenso beliebte Aktivitäten in der Erlebnispädagogik. Die Aktivitätsformen richten sich zwangsläufig nach den geographischen Rahmenbedingungen.
Ein Unterschied ist, dass die Aktivitäten im Friluftsliv grundsätzlich von den Teilnehmern mit vorbereitet werden, und dass die meisten Aktivitäten in Norwegen nahezu in allen Landesteilen durchgeführt werden können. Alpine Aktivitäten

lassen sich dort fast überall durchführen, da nahezu das ganze Land von Bergen oder zumindest Hochebenen durchzogen ist. Die Küste des Festlandes hat eine Gesamtlänge von etwa 2.700 Kilometern, so dass Aktivitäten rund um Segeln, Paddeln und Rudern von Nord bis Süd durchgeführt werden können. Da ganz Norwegen von Fjorden durchzogen ist, sind ebenso Kanu- und Kajaktouren in den meisten Gebieten im Landesinneren möglich. Lediglich auf Touren auf größeren Seen oder Seenplatten muss man in Norwegen verzichten, bzw. in das Nachbarland Schweden ausweichen.
In Deutschland werden die Aktivitätsformen mehr oder weniger regional unterteilt: An den Küsten im Norden können erlebnispädagogische Aktivitäten wie Segeln, Rudern und Seekajakfahren angeboten werden. Für Kanu- und Kajaktouren wurde das Paradies der mecklenburgischen Seenplatten nach der Wiedervereinigung entdeckt. Die alpine Erlebnispädagogik erstreckt sich weitgehend auf die Alpen im Süden und die Mittelgebirge.

Der Bau von Schneehöhlen oder Iglus ist bei erlebnispädagogischen Maßnahmen in Süddeutschland eine ebenso beliebte Aktivität wie in Norwegen (s. 3.4.2). Kraus und Schwiersch (vgl. 2005, S. 62) sprechen dem Schneehöhlenbiwak einen hohen Wert hinsichtlich des Gruppenzusammenhalts zu. Dadurch, dass das Schneeschuhwandern in den vergangenen Jahren an Beliebtheit zugenommen hat,[42] ist es nun auch „Nicht-Skifahrern" möglich, in der winterlichen Gebirgslandschaft unterwegs zu sein. – Ein nicht unerheblicher Aspekt, wenn man in Deutschland mit Gruppen Schneehöhlen oder Iglus bauen möchte, denn in Deutschland wird man nicht, wie es den Norwegern nachgesagt wird, „mit Skiern an den Beinen" geboren.

In der Friluftsliv-Pädagogik wie in der Erlebnispädagogik ist die Gruppe eine gängige Arbeitsform. Das Potential von Gruppen wird dabei als besonderes Entwicklungsfeld für den individuellen Lernprozess genutzt.

Die Kompetenzprofile des Friluftsliv-Leiters und des Erlebnispädagogen sind sich, wie in 3.5.4 bereits dargelegt, grundsätzlich sehr ähnlich. Es gibt lediglich kleinere Unterschiede:
Das Kompetenzprofil für den Friluftsliv-Leiter benennt das Eingreifen in eine Situation/einen Prozess als letzte Möglichkeit.
Für die Erlebnispädagogik soll den Teilnehmern Raum zum selbständigen Ausprobieren gegeben werden, was ein Beobachten und Vermeiden vom Eingreifen seitens des Leiters impliziert, im Kompetenzprofil jedoch nicht benannt wird.

42 Mittlerweile hat sogar der Handelskonzern „Tchibo" im Winter Schneeschuhe in seinem Sortiment. Das zeigt deutlich, dass Schneeschuh-Wandern im „Mainstream" angekommen ist.

Die Hard Skills, nämlich das fachliche Wissen in Spezialgebieten wie Klettertechniken, Seemannschaft oder der ganze Bereich der Aktivitäten im Winter können sich durch geographische Gegebenheiten bei den beiden Leitungsformen unterscheiden.

Die Lernziele der Friluftsliv-Pädagogik decken sich wie in 3.6 festgestellt hinsichtlich Persönlichkeitsentwicklung, Kommunikationsfähigkeit, Teamfähigkeit und Handlungskompetenz mit den Lernzielen der Erlebnispädagogik. Das in der Friluftsliv-Pädagogik beschriebene Lernziel der Erweiterung der Wahrnehmungskompetenz wird in der Erlebnispädagogik zwar nicht explizit als Ziel benannt, gilt jedoch als Lern- und Erfahrungsmöglichkeit bei verschiedenen erlebnispädagogischen Aktivitäten.
Die Lernziele der Friluftsliv-Pädagogik weichen lediglich hinsichtlich der Entwicklung eines Gesundheitsbewusstseins von den Lernzielen der Erlebnispädagogik ab.

In der Friluftsliv-Pädagogik wie auch in der Erlebnispädagogik wird der Reflexion, wie in 3.8 beschrieben, eine hohe Bedeutung zugesprochen. Interesse an den Eindrücken und Erfahrungen der Teilnehmer gelten als eine gute Ausgangssituation für eine erfolgreiche Reflexion. Die Reflexion in der Friluftsliv-Pädagogik ist in den meisten Fällen eine offene Form der Reflexion. In der Erlebnispädagogik gibt es zahlreiche alternative, kreative, ganzheitliche und handlungsorientierte Formen der Reflexion (vgl. Zuffellato/Kreszmeier 2007, S. 131).

Als Lernmodell wird im Friluftsliv bei Aktivitäten an Folkehøgskolen oder Kursen des DNT in erster Linie das „Outward Bound Plus“ Modell angewendet.
Auch in der Erlebnispädagogik ist dieses Modell weit verbreitetet (vgl. Zuffellato/Kreszmeier 2007, S. 239). Das Modell „The Mountains Speak for Themselves“ gilt als überholt und findet heutzutage in beiden pädagogischen Ansätzen keine Anwendung mehr.
Das Metaphorische Modell wird in der Erlebnispädagogik zunehmend eingesetzt und weiterentwickelt. In der Friluftsliv-Pädagogik hingegen findet es nur in einer Mischform mit dem „Outward Bound Plus“ Modell Anwendung.

Die drei aus der Erlebnispädagogik bekannten Modelle zur Sicherung eines Transfer (Spezifischer Transfer, Unspezifischer Transfer und Metaphorischer Transfer) werden alle drei auch in der Friluftsliv-Pädagogik umgesetzt.
Es wird für beide Ansätze davon ausgegangen, dass durch Nachfolgeveranstaltungen der Lernerfolg und somit der Transfer verstärkt werden kann.

Bei der Friluftsliv-Pädagogik handelt es sich wie in 3.11 erläutert um einen Ansatz, der auf handlungsorientierte Methoden und Erfahrungslernen aufbaut. Das gleiche gilt für die Erlebnispädagogik (vgl. Zuffellato/Kreszmeier 2007, S. 43 f).

Übereinstimmend wird in beiden pädagogischen Ansätzen dem Erlebnis eine zentrale Bedeutung beigemessen. Insbesondere das Naturerleben hat eine hohe Relevanz.

5.2 Differenzen

Friluftsliv ist historisch entstanden. „Friluftsliv ist ein Kind der europäischen Romantik – die Wertorientierung ist entsprechend dieser Epoche als Naturwert und Menschenwert bestimmt" (Faarlund 2007a, S. 23).
„Friluftsliv – so muss man feststellen – ist ein unglaublich weit gefasstes und facettenreiches Phänomen, das sich durch den ursprünglichen Hintergrund in der heutigen Ausprägung und vor allen Dingen durch seinen philosophischen Hintergrund sowie die zu Grunde liegende Geisteshaltung von anderen 'outdoorkulturen' oder 'outdoorpädagogischen' Phänomenen abhebt" (Liedtke/Lagerstrøm 2007, S. 183).
Friluftsliv ist daher nicht nur ein pädagogischer Ansatz, sondern zugleich ein Lebensstil in und mit der Natur, eine Lebensphilosophie und ein Gedanke, mit dem sich Norweger identifizieren. Diese Merkmale weist die Erlebnispädagogik nicht auf.

Die Erlebnispädagogik ist aus der Reformpädagogik heraus entstanden. Reformpädagogik ist ein Sammelbegriff für unterschiedliche Bestrebungen von Erziehung, Schule und Unterricht zwischen Ende des 19. und dem ersten Drittel des 20. Jahrhunderts. Der Widerstand der reformpädagogischen Bewegung richtete sich gegen Lebensfremdheit und einen autoritären Erziehungsstil. Soziale Gemeinschaften und lebendiges Lernen gewannen an Bedeutung und wurden den Erziehungsmethoden der jeweiligen Zeit entgegengesetzt. Aus diesen Gedanken heraus wurden erste Ansätze von Erlebnispädagogik umgesetzt und später als solche benannt.

Die ökologische Zielsetzung ist im Friluftsliv wesentlich ausgeprägter als in der Erlebnispädagogik. Dem Friluftsliv wird wie in 3.2.2 beschrieben zugesprochen, mittelbar zu einem verantwortungsbewussten Handeln gegenüber der Natur zu führen. Friluftsliv und die Natur sind eng miteinander verknüpft. Ein schonender Umgang mit ihr ist ein Wesensmerkmal des traditionellen Friluftsliv. Die Natur wird im Zusammenhang mit Fragestellungen und Kritik, wie wir Menschen unsere Umwelt nutzen, gesehen, was zu einem natürlicheren Verständnis der Problematiken beiträgt. Daneben ist die Förderung der Fürsorge für die Natur Bestandteil des Lehrplans für alle norwegischen Schulen in den Klassenstufen 1 bis 10 (s. 2.5.3).

In der Erlebnispädagogik geht es in erster Linie darum, die Natur als Erlebnis- und Erfahrungsraum für sich zu nutzen. Zwar werden dabei ökologische Aspekte nicht zwangsläufig außer acht gelassen, jedoch werden Umweltproblematiken teilweise zugunsten der Maßnahme ausgeblendet oder kommen, wie aus den in 3.2.2 dargelegten Schilderungen hervorgeht, oft zu kurz.

Eine Besonderheit und somit einen Unterschied stellt wie in 3.5.1 und 3.7.1 beschrieben das Vegledning als Leitungsform und zugleich als Methode und Technik im Friluftsliv dar.

Friluftsliv und Erlebnispädagogik haben eine unterschiedliche Ausgangssituation. Das Friluftsliv hat in seinem Ursprung keine pädagogischen oder gesundheitsfördernden Ambitionen. Dadurch unterscheidet es sich von Sport, Erlebnispädagogik oder outdooractivities, auch wenn diese Bereiche Überschneidungen zum Friluftsliv aufweisen.
Erlebnispädagogik nutzt Natursportaktivitäten, um ein höheres pädagogisches Ziel zu erreichen. Das Dasein in der Natur hat in der Erlebnispädagogik zunächst keinen eigenen Wert, wohingegen die Motivation im Friluftsliv im Leben in und mit der Natur an sich liegt.
Das Recht auf ein Biwakieren in der freien Natur ist in Skandinavien wie in 1.6 beschrieben im Jedermannsrecht gesetzlich verankert. Die Mehrzahl der Friluftsliv-Aktivitäten (s. 3.3) finden mit Gruppen in der freien Natur statt, bei der gezeltet, biwakiert oder auf andere Weise im Freien übernachtet wird. Dabei wird die Umwelt entsprechend der Ziele des Friluftsliv (s. 3.2.2) geschont.
In Deutschland finden wir gegensätzliche Verhältnisse vor, wie folgende Textauszüge verdeutlichen:
„Als empfindlicher Bereich müssen Übernachtungen in Zelten oder Biwaks unter freiem Himmel angesehen werden" (Heckmair/Michl 2002, S. 232). **„Kein wildes Zelten oder Biwakieren. Dies soll für Gruppen selbstverständlich sein"** (Kraus/Schwiersch 2005, S. 287).

Learning by doing gilt in der Friluftsliv-Pädagogik neben dem Vegledning als zentrale Methode. Gleichzeitig wird das learning by doing als Methode des Vegledning begriffen, wenn dieses als Arbeitsweise betrachtet wird.
Die Erlebnispädagogik nimmt wie in 3.7.2 geschildert teilweise Abstand von dieser Methode, da die Lernziele selten klar erreicht, bzw. kontrolliert werden können.

Kritische Stimmen zur Friluftsliv-Pädagogik gibt es im Gegensatz zu der Erlebnispädagogik nicht (s. 3.11). Die Erlebnispädagogik steht insbesondere hinsichtlich Maßnahmen im Rahmen der Hilfe zur Erziehung nach § 35 SGB VIII als „intensive sozialpädagogische Einzelbetreuung" immer wieder in der öffentlichen Kritik. Die Kosten für die Betreuung „schwererziehbarer Jugendlicher" bei erlebnispädagogischen Maßnahmen im Ausland sind zunächst immens, so dass Auslandsprojekte und der Sinn dieser Maßnahmen in regelmäßigen Abständen von der Presse aufgegriffen und skeptisch diskutiert werden (vgl. Boeger 2007, S. 148; Meier-Gantenbein 2000, S. 7).

Die Natur ist der ausschließliche Erlebnisraum, in dem Friluftsliv-Aktivitäten stattfinden. In der Erlebnispädagogik beschränkt sich der Erlebnisraum nicht ausschließlich auf die Natur. Zwar wird die Natur als der traditionelle Ort für erlebnispädagogische Aktivitäten angesehen, jedoch nutzt „City Bound" bewusst den Lebensraum Stadt als Erlebnisraum. Daneben werden Kletterhallen genutzt und Abenteuersport an unterschiedlichen Plätzen betrieben sowie Interaktionsspiele und Kooperative Abenteuerspiele in Sporthallen durchgeführt.

Die Friluftsliv-Pädagogik wird bisher nur in einem geringen Umfang zur Rehabilitation bei der Arbeit mit Drogenabhängigen und zur Resozialisierung krimineller Jugendlicher eingesetzt (s. 2.5).
In der Erlebnispädagogik stellt die Arbeit mit gesellschaftlichen Randgruppen einen großen Bereich dar (vgl. Boeger 2007, S. 148). Über die Hilfe zur Erziehung nach § 27 ff SGB VIII werden zahlreiche erlebnispädagogische Maßnahmen finanziert und von verschiedenen Anbietern durchgeführt.

Neben den vorhandenen Parallelen gibt es zahlreiche erhebliche Differenzen zwischen der Friluftsliv-Pädagogik und der Erlebnispädagogik.
Matthias Weinholz` Buchtitel aus dem Jahr 1989 „Freiluftleben. Eine erlebnispädagogische Lebensphilosophie und ihre Chancen bei der Entwicklung junger Menschen" leitet daher begrifflich in die Irre.
„ … Friluftsliv (ist) von anderen, ähnlich gelagerten Phänomenen wie Outdoor Recreation, Natursport, Outdoor Education, Adventure Based Education oder Erlebnispädagogik abzugrenzen … ." (Liedtke/Lagerstrøm 2007, S. 11). – Diese These wird vor dem Hintergrund der vorangegangenen Ausführungen bestätigt. Friluftsliv-Pädagogik ist nicht gleich Erlebnispädagogik, auch wenn beide Ansätze in vielerlei Hinsicht Gemeinsamkeiten aufweisen.

5.3 Einmaligkeit: Philosophie und Geisteshaltung im Friluftsliv

Beim Herausarbeiten von Parallelen und Differenzen hat sich herausgestellt, dass beide Richtungen aus demselben Fundus schöpfen und das zum Teil die selben Personen maßgeblich für Inspirationen und philosophische Grundtendenzen im Friluftsliv und in der Erlebnispädagogik stehen. Wechselwirkungen der heutigen Praxis mit den Erkenntnissen historischer Pädagogen und anderer Wegbereiter sind unübersehbar.

Ebenso wurde ersichtlich, dass im skandinavischen Friluftsliv in der Gegenwart im soziologisch/pädagogischen Kontext über die eigenen Landesgrenzen hinaus Erkenntnisse anderer wahrgenommen und in die Friluftsliv-Pädagogik eingearbeitet werden. – Faarlund (vgl. 2007a, S. 81) zitiert Ulrich Beck und den von ihm geprägten Begriff der „Weltrisikogesellschaft"; Tordsson (vgl. 2003, S. 9) beschäftigt sich mit Simon Priest und Claude-Levi Strauss. An dem Fourth European Congress for Outdoor Adventure Education and Experiential Learning im Jahr 2000 nahmen 90 Teilnehmer aus 14 Ländern teil; 5 Teilnehmer kamen aus Deutschland, 60 aus dem skandinavischen Raum (vgl. EOE 2001, S. 107–112).

Bedeutend ist die Tatsache, dass die norwegischen und schwedischen Forscher, Soziologen und Pädagogen, die mit Friluftsliv im Zusammenhang stehen, alle aktive Friluftslivmenschen sind (s. Abbildung 16). Einige der Forscher kennen sich untereinander. Faarlund und Næss waren Bergkameraden; Næss war an der Gründung der „Norges Høgfjellskole" beteiligt. Beide hatten engen Kontakt zum Naturaktivisten Setreng. Tordsson und Faarlund standen in Kontakt über die schwedische Gruppierung Verein Argaladei. Prominente Friluftslivausübende wie Lars Monsen und der kürzlich verstorbene Claus Helberg prägten und prägen aufgrund ihrer Lebenseinstellungen das Friluftsliv heute mit. Sie leben, erleben und publizieren Friluftsliv so, wie sie es für sich als richtig empfinden. Die im Bereich Friluftsliv forschenden Akademiker beziehen die Lebenserfahrungen und Äußerungen dieser Individuen in ihre Forschungen mit ein.

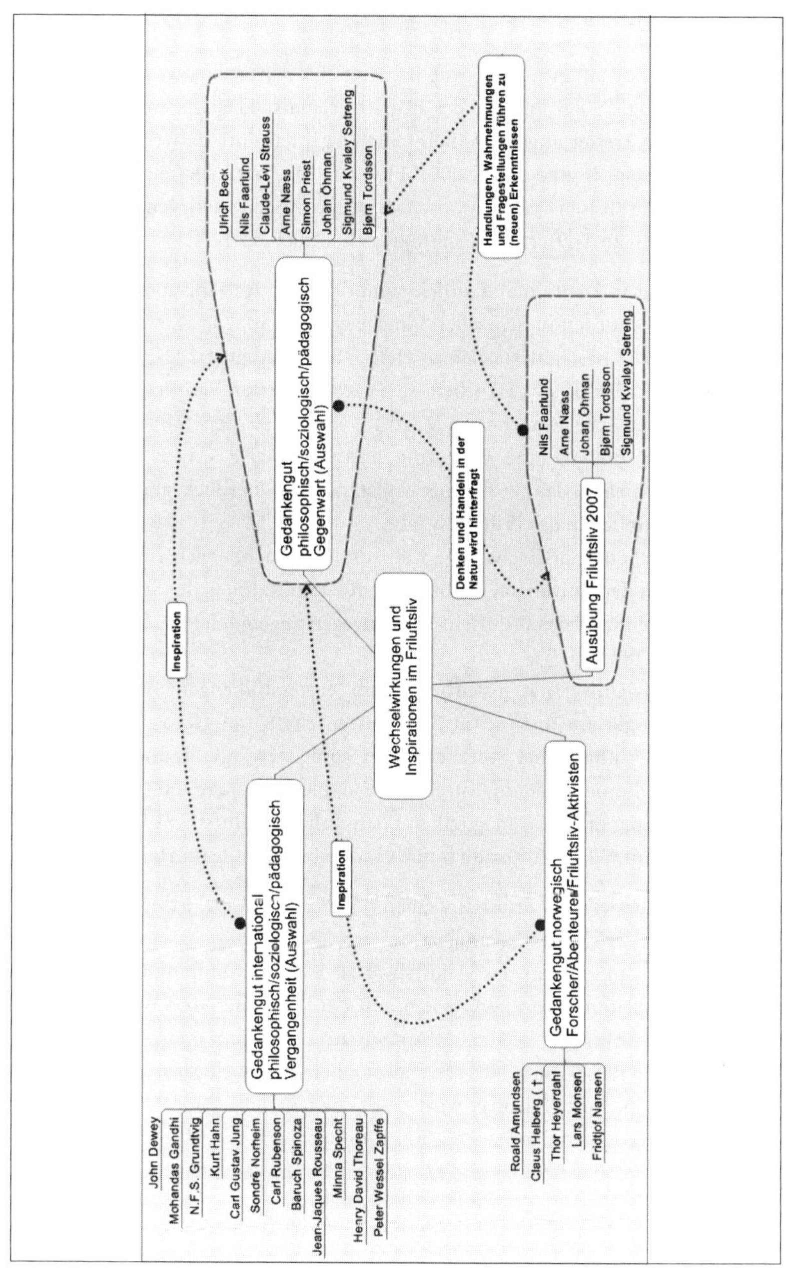

Abb. 16: Inspirationen und Wechselwirkungen im Friluftsliv

5.4 Ausblick

Dass das Interesse am Friluftsliv groß ist, zeigt eine Abfrage in der Internet-Suchmaschine „google": Bei Eingabe des Begriff Erlebnispädagogik werden international 300.000 Treffer angezeigt. Beim Suchbegriff Friluftsliv werden 4.210.000 Einträge angezeigt (Stand 03.07.2009). Eine wissenschaftliche Relevanz oder ein inhaltlicher Wert lassen sich so zwar weder belegen noch widerlegen, jedoch ist die 14-fache Anzahl an Treffern für Friluftsliv erstaunlich hoch.

Friluftsliv wird in Deutschland zunehmend bekannt. Im Jahr 2007 ist das erste Buch von Lars Monsen in deutscher Sprache erschienen. Die „Zeitschrift für Erlebnispädagogik" beschäftigte sich in Heft 7/8, Juli/August 2007 ausschließlich mit dem Thema Friluftsliv. Daneben ist – nach der ersten Veröffentlichung über Friluftsliv in deutscher Sprache von Martin Weinholz aus dem Jahr 1989 – in 2007 mit „Friluftsliv. Entwicklung, Bedeutung und Perspektive" erneut ein Buch über Friluftsliv erschienen, das zwar keinen vollständigen Überblick, aber dennoch einen breiten Einblick in das Friluftsliv gibt.
An der Deutschen Sporthochschule Köln und am Fachbereich für Bewegungswissenschaften der Universität Hamburg werden im Rahmen des Sport-Studiums Veranstaltungen über das Friluftsliv in Norwegen angeboten (vgl. Liedtke/Lagerstrøm 2007, S. 182 f).
An der Philipps-Universität in Marburg ist im Masterstudiengang Abenteuer- und Erlebnispädagogik am Institut für Sportwissenschaft und Motologie das „Konzept Friluftsliv" inhaltlicher Bestandteil von Seminaren (vgl. Lindner 2007).
Die „Outward Bound Academy" in Schwangau bietet im Jahr 2009 einen Teil der Zusatzausbildung Erlebnispädagogik mit dem Inhalt „Friluftsliv/Winter (Ski)" in Kooperation mit Nils Faarlund an seiner Hochgebirgsschule im Hemsedal an.

In Norwegen genießt das Friluftsliv einen hohen Stellenwert, jedoch gibt es auch in die Zukunft gerichtete Warnungen:
„Wie sieht die Zukunft für das Friluftsliv aus? Wird es Camping in Naturreservaten mit Stacheldrahtzaun herum sein, mit Zählapparaten und Wachen, wie an einzelnen Plätzen in den USA? ... Wenn wir auf Naturtourismus, Erholung, Friluftsliv und den Reise-Tourismus setzen, vergehen nicht viele Jahre, bevor Norwegen zu einem 'Spielplatz Europas' wird. ... das bedeutet das Ende der unberührten Natur Norwegens. Dann können wir uns hinsetzen und Peter Wessel Zapffes 'Auf Wiedersehen Norwegen' lesen und feststellen, dass er Recht hatte" (Breivik 2000, S. 122).

Auch bezüglich des Verlustes der Traditionswerte gibt es Warnungen. Die Bekleidungs- und Ausrüstungsindustrie hat wie von Lars Monsen beschrieben (s. 2.4.2 und 3.11) das Friluftsliv als lukrativen Markt entdeckt, so dass sich auch in Norwegen viele junge Menschen zu einer „Gore-Tex-Generation" entwickeln. Dies widerspricht dem Friluftsliv im traditionellen Sinne, das u.a. ein Leben in der Natur mit einfachen Mitteln beschreibt (s. 2.3).

Friluftsliv ist ein ausschließlich skandinavischer Ansatz, der seinen hohen Eigenwert aufgrund der geschichtlichen und kulturellen Entwicklung auch nur dort entfaltet.
Diesen Ansatz oder Teile daraus in das deutsche Bildungssystem oder in die Erlebnispädagogik hinein zu kopieren, ergibt ohne diesen Hintergrund keinen Sinn. Umgekehrt wird für die Skandinavier und insbesondere für die Norweger die Erlebnispädagogik nie eine große Rolle spielen. Die Erlebnispädagogik ist in Norwegen nahezu unbekannt und würde sich dort gegen das Friluftsliv nicht behaupten können.

Quellenverzeichnis

ANDRESEN, Helle: Fra elite til folkebevegelse. In: *Fjell og Vidde*, (2008) Nr. 1/2008, Januar, S. 64–69.

ANTES, Wolfgang: Erlebnispädagogik – Fundierte Methode oder aktuelle Mode? In: Antes, Wolfgang (Hrsg.): *Erlebnispädagogik. Planspiele, Gruppenaktionen, Kopiervorlagen*. 4. Aufl. Münster: Ökotopia-Verlag 1999, S. 11–24.

BAGØIEN, Tor Egil: Barn og natur i samspill. In: Bagøien, Tor Egil (Hrsg.): *Barn i friluft. Om Verdifullt Friluftsliv*. 2. Aufl. Oslo: SEBU Forlag 2003, S. 79–108.

BARNES, Peter: Debate and Cliché: A Philosophy for Outdoor Education? In: Barnes, Peter; Sharp, Bob (Hrsg.): The RHP *Companion to Outdoor Education*. Dorset (GB): Russell House Publishing Ltd. 2004, S. 8–13.

BISCHOFF, Annette: *Friluftsliv – ungdom og personlig udvikling*. Kopenhagen: Speciale – Københavns Universitet, Idrætsstudiet 1996.

BISCHOFF, Anette: Friluftsliv og ungdom: Endring fra tradisjonsoverføring til valg og personligutvikling. In: FRIFO (Hrsg.): *Rapport fra konferansen – Forskning i friluft: Landskonferanse om friluftsliv og forskning. Stjørdal 18.-19. november 1998*. Oslo: 1999, S. 94–99.

BITTNER, Stefan: *Learning by Dewey? John Dewey und die deutsche Pädagogik 1900–2000*. Bad Heilbrunn/Obb: Julius Klinkhardt 2001.

BJÖRKSTRAND, Gustav: Grundtvig i Finland. In: Slumstrup, Finn u.a. (Hrsg.): *Grundtvigs Oplysningstanker og vår tid. o.O.*: Nordisk Folkehøgskoleråd 1983, S. 98–115.

BJØRKLUND, Kjetil: Utfordringer om Forskning på Helse og Friluftsliv. In: Friluftslivets Fellesorganisasjon (FRIFO) (Hrsg.): *Rapport fra konferansen i friluft 2005. Røros 1. og 2. desember*. Oslo: 2005.

BOEGER, Annette: Erlebnispädagogik im Jugendalter: Stärkung personaler und interpersonaler Kompetenzen? In: *unsere jugend. die Zeitschrift für studium und praxis der sozialpädagogik*, 59 (2007) Nr. 4, April, S. 146–154.

BRANDT, Darja: Erlebnispädagogik, Outdoorpädagogik, Friluftpädagogik – Eine Erörterung ihrer Bedeutung im schwedischen Schulsystem. In: *Zeitschrift für Erlebnispädagogik*, 27 (2007) Nr. 7/8, Juli/August, S. 2–87.

BRANDT, Petra: *Erlebnispädagogik – Abenteuer für Kinder. Theorie und Projektideen*. Freiburg im Breisgau: Verlag Herder 1998.

BREIVIK, Gunnar: To tradisjoner i norsk friluftsliv. In: Dahle, Børge; Øvergaard, Jo (Hrsg.): *Naturforvaltning og Friluftsliv – i det reflekterende klasserom*. o.O.: Yrkeslitteratur as 2000, S. 111–125.

BRÜGGE, Britta; SZCZEPANSKI, Anders: Pedagogik och ledarskap. In: Brügge, Britta; Glantz, Matz; Sandell, Klas (Hrsg.): *Friluftslivets pedagogik. För kunskap, känsla och livskvalitet.* 3. Aufl. Stockholm: Liber AB och författarna gemensamt 2007, S. 25–52.

BUAAS, Ellen Holst: *Med himmelen som tak. Uterommet som arena for skapende aktiviteter i Barnehage og skole.* Oslo: Universitetsforlaget 2002.

BURSELL, Jens: *Friluftsliv. Under Åpen Himmel Året rundt.* Oslo: Landbruksforlaget 2004.

BUSCHMANN, Jürgen; MICHELS, Harald; WASSONG, Stephan: Klassenfahrten und Studienfahrten nach Norwegen. In: Liedtke, Gunnar; Lagerstrøm, Dieter (Hrsg.): *Friluftsliv. Entwicklung, Bedeutung und Perspektive.* Aachen: Meyer & Meyer Verlag 2007 (Edition Sport und Freizeit Band 17), S. 157–171.

DAHLE, Børge: Forvaltning av natur og sosialisering til friluftsliv. In: Dahle, Børge; Øvergaard, Jo (Hrsg.): *Naturforvaltning og Friluftsliv – i det reflekterende klasserom.* o.O.: Yrkeslitteratur as 2000.

DET KONGELIGE MILJØVERNDEPARTEMENT: *St. meld. nr. 39 (2000–2001). Friluftsliv. Ein veg til høgare livskvalitet.* Oslo: Akademika AS 2001.

DEUTSCHER VEREIN FÜR ÖFFENTLICHE UND PRIVATE VORSORGE (Hrsg.): *Fachlexikon der sozialen Arbeit.* 6. Aufl. Frankfurt am Main: Eigenverlag 2007.

DITTMANN, Frank 2007: E 134: *Haugesund-Haukeli-Drammen-Oslo (460 km).* ‹http: / / www.skandinavien.de / Laender-Regionen / Norwegen / E134.html›. 2009-03-01.

DNT (Den Norske Turistforening) 2009: *Den Norske Turistforening. Medlemmene.* ‹http://www.turistforeningen.no/index.php?fo_id=9›. 2009-02-28.

EICHINGER, Wolfgang: *City Bound. Erlebnispädagogik in der Stadt.* Alling: Verlag Dr. Jürgen Sandmann 1995 (Themenheft Praktische Erlebnispädagogik – Band 4).

EOE (Hrsg.): *OTHER WAYS OF LEARNING. Outdoor Adventure Education and Experiential Learning in School and Youth Work. Fourth European Congress for Outdoor Adventure Education and Experiential Learning.* Marburg: bsj 2001.

ERLANDSEN-SYRDAHL, Heidi Kristine: *Med barn på tur. Håndbok for veiledere i Barnas Turlag.* Oslo: Den Norske Turistforening Boksenteret Forlag 2001.

ESPELAND, Marit: Friluftsliv en Ressurs for bedre Helse? In: Friluftslivets Fellesorganisasjon (FRIFO) (Hrsg.): *Rapport fra konferansen i friluft 2005. Røros 1. og 2. desember.* Oslo: 2005, S. 168–170.

FAARLUND, Nils: *Friluftsliv. HVA – HVORFOR – HVORDAN.* Oslo: Norges Idrettshøgskole 1973.

FAARLUND, Nils: „Fri-natur-liv" eller „de fremmedes trafikk". In: *Mestre Fjellet*, 26 (1977), S. 20–25.

FAARLUND, Nils: A Way Home. In: Reed, Peter; Rothenberg, David (Hrsg.): *Wisdom in the open air. The Norwegian Roots of deep Ecology.* Minneapolis: University of Minnesota Press 1993, S. 157–168.

FAARLUND, Nils: Friluftsliv – A way Home. In: Dahle, Børge (Hrsg.): *Nature. The true Home of Culture.* Oslo: Norges Idrettshøgskole 1994, S. 21–26.

FAARLUND, Nils: Friluftsliv – naturbezogene Lebensform aus Skandinavien. In: Liedtke, Gunnar; Lagerstrøm, Dieter (Hrsg.): *Friluftsliv. Entwicklung, Bedeutung und Perspektive.* Aachen: Meyer & Meyer Verlag 2007a (Edition Sport und Freizeit Band 17), S. 13–28.

FAARLUND, Nils: Friluftsliv. Das norwegische Modell einer naturbezogenen Lebensform. In: *bergundsteigen. Zeitschrift für Risikomanagement im Bergsport*, 15 (2007b) Nr. 3, S. 76–81.

FRILUFTSLOVEN: *Hva loven tillater og forbyr.* Oslo: Statensforurensningstilsyn 1991.

GALUSKE, Michael: *Methoden der Sozialen Arbeit.* Eine Einführung. 7., überarbeitete Aufl. Weinheim und München: Juventa Verlag 2007.

GEIßLER, Karlheinz A.; HEGE, Marianne: *Konzepte sozialpädagogischen Handelns. Ein Leitfaden für soziale Berufe.* 6., aktualisierte Aufl. Weinheim und Basel: Beltz Verlag 1992.

GILBERTSON, Ken u.a.: *Outdoor Education. Methods and Strategies. Champaign*, IL (USA): Sheridan Books 2006.

GILSDORF, Rüdiger: *Von der Erlebnispädagogik zur Erlebnistherapie. Perspektiven erfahrungsorintierten Lernens auf der Grundlage systemischer und prozessdirektiver Ansätze.* Bergisch Gladbach: EHP, Ed. Humanistische Psychologie 2004.

GLASS, Don (Hrsg.): *Das neue What's what. Naturwissenschaftliche Plaudereien.* München: Deutscher Taschenbuch Verlag GmbH & Co. KG 1997.

GLOWACZ, Stefan; POHL, Wolfgang: *Richtig Freiklettern.* 2., durchgesehene Aufl. München: BLV Verlagsgesellschaft mbH 1992.

GRØNNINGSÆTER, Ivar; HALLÅS, Oddrun; KRISTIANSEN, Torbjørn: Uteskole og fysisk aktivitet i en 6. klasse. Sammenligning av aktivitetsnivået på en uteskoledag og en tradisjonell skoledag. In: Friluftslivets Fellesorganisasjon (FRIFO) (Hrsg.): *Rapport fra konferansen i friluft 2005. Røros 1.og 2. desember.* Oslo: 2005, S. 29–39.

GUNDERSEN, Dag E.; ØSTREM, Ketil: Outdoor guidance – A Norwegian perspective. In: Liedtke, Gunnar; Lagerstrøm; Dieter (Hrsg.): *Friluftsliv. Entwicklung, Bedeutung und Perspektive.* Aachen: Meyer & Meyer Verlag 2007 (Edition Sport und Freizeit Band 17), S. 67–84.

HAHN, Kurt: *Erziehung zur Verantwortung. Reden und Aufsätze.* Stuttgart: Ernst Klett Verlag o.J. [1958] (Aus den deutschen Landerziehungsheimen Heft 2).

HECKMAIR, Bernd; MICHL, Werner: *Erleben und Lernen. Einführung in die Erlebnispädagogik.* 5. Aufl. München: Ernst Reinhardt, GmbH & Co KG Verlag 2004 (Schriftenreihe erleben & lernen Band 2).

HECKMAIR, Bernd; MICHL, Werner: *Erleben und Lernen. Einstieg in die Erlebnispädagogik.* 4., überarbeitete Aufl. Neuwied, Kriftel: Hermann Luchterhand Verlag GmbH 2002 (Schriftenreihe erleben & lernen Band 2).

HELBERG, Claus: *Frederik Arentz – en ekte pioner.* Oslo: Den Norsk Turistforening Boksenteret Forlag 2004.

HÖH, Rainer: *Outdoor-Praxis. [alles zum Leben und Überleben in der Wildnis zu jeder Jahreszeit].* 4. Aufl. Bielefeld: Reise-Know-How-Verl. Rump 2000.

HOMPLAND, Andreas: Friluftsliv – kva skal vi med det? In: Dahle, Børge; Øvergaard, Jo (Hrsg.): *Naturforvaltning og Friluftsliv – i det reflekterende klasserom.* o.O.: Yrkeslitteratur as 2000, S. 127–136.

IBSEN, Henrik: *Ibsen. Ungdomsskuespill og historiske dramaer 1850–64. Dikt.* 13. Aufl. Oslo: Gyldendal Forlag 1962.

IF/IFK – Informasjonskontoret for folkehøgskolen/Informasjonskontor for kristen folkehøgskolen (Hrsg.): *Folk High Schools in Norway. The year of a lifetime.* Oslo: 2008.

KIRKEMO, Ole (Hrsg.): *Jakt, Fiske og Friluftsliv i Norge.* Oslo: Kunnskapsforlaget ANS, H. Aschehoug & Co. (W. Nygaard) A/S og Gyldendal Norsk Fo 2005.

KÖLSCH, Hubert: Natur als Kultur. Spurensuche nach einem erweiterten Naturbegriff. In: Kölsch, Hubert (Hrsg.): *Wege Moderner Erlebnispädagogik.* München: Verlag Dr. Jürgen Sandmann 1995 (Fachhochschulschriften), S. 222–235.

KÖLSCH, Hubert, WAGNER, Franz-Josef: *Erlebnispädagogik in Aktion. Lernen im Handlungsfeld Natur.* Berlin: Hermann Luchterhand Verlag GmbH 1998 (Schriftenreihe erleben & lernen Band 4).

KÖLSCH, Hubert; WAGNER, Franz-Josef: *Erlebnispädagogik in der Natur. Praxisbuch für Einsteiger.* München: Ernst Reinhardt Verlag 2004.

KÖNIG, Stefan; KÖNIG, Andrea: *Outdoor-Teamtrainings. Von der Gruppe zum Hochleistungsteam.* 2. überarbeitete Aufl. Augsburg: ZIEL – Zentrum für interdisziplinäres erfahrungsorientiertes Lernen GmbH 2005.

KRAUS, Lydia; SCHWIERSCH, Martin: *Die Sprache der Berge. Handbuch der alpinen Erlebnispädagogik.* 2. bearbeitete Aufl. Augsburg: ZIEL – Zentrum für interdisziplinäres erfahrungsorientiertes Lernen GmbH 2005.

KUHN, Peter: Der Bergsport aus ökologischer Sicht – Entfremdung und Befreundung. In: Schädle-Schardt, Walter u.a. (Hrsg.): *Handbuch für Bergwandern, Klettersteiggehen und Klettern. Planung – Durchführung – Training.* 2., überarbeitete Aufl. Aachen: Meyer & Meyer Verlag 2000, S. 201 – 230.

KUF – Det kongelige kirke-, utdannings- og forskningsdepartment (Hrsg.): *Lærplanverket for den 10årige grunnskolen. Kroppsøving.* Oslo: Nasjonalt læremiddelsenter 1996.

LAGERSTRØM, Dieter: Friluftsliv – ein nordischer Weg zur Bewegung und Bewegungskultur? In: Liedtke, Gunnar; Lagerstrøm, Dieter (Hrsg.): *Friluftsliv. Entwicklung, Bedeutung und Perspektive.* Aachen: Meyer & Meyer Verlag 2007 (Edition Sport und Freizeit Band 17), S. 117 – 133.

LAKEMANN, Ulrich: Theoretische und empirische Grundlagen der Wirkungsimpulse von Erlebnispädagogik und Outdoor-Training. In: Lakemann, Ulrich (Hrsg.): *Wirkungsimpulse von Erlebnispädagogik und Outdoor-Training.* Augsburg: ZIEL – Zentrum für interdisziplinäres erfahrungsorientiertes Lernen GmbH 2005, S. 7 – 34.

LANDRØ, Markus: *Skredfare. Snøskred – Risiko – Redning. En handbåk om skred for fjellskiløpere, klatrere og løssnøkjørere.* Oslo: Fri Flyt AS 2007.

LANG, Thomas: *Kinder brauchen Abenteuer.* 3 Aufl. München: Ernst Reinhardt, GmbH & Co KG, Verlag 2006.

LAPP, Hendrik: *Outdoor-Training in Norwegen. Organisasjonsutvikling i naturen – Hvordan jobber man i Norge? Masteroppgave ved seksjon for kroppsøving og pedagogikk.* Oslo: Norges Idrettshøgskole 2006 (nicht veröffentlichte Hochschulschrift).

LARCHER, Michael: Ber(g)sönlichkeiten. Berg&Steigen im Gespräch mit Nils Faarlund. In: *bergundsteigen. Zeitschrift für Risikomanagement im Bergsport*, 8 (2002) Nr. 4, S. 8 – 10.

LIEDTKE, Gunnar: Friluftsliv: Erleben von Natur – Erlebnisse in der Natur. In: Liedtke, Gunnar; Lagerstrøm, Dieter (Hrsg.): *Friluftsliv. Entwicklung, Bedeutung und Perspektive.* Aachen: Meyer & Meyer Verlag 2007 (Edition Sport und Freizeit Band 17), S. 103 – 115.

LIEDTKE, Gunnar; LAGERSTRØM, Dieter: Friluftsliv an deutschen Hochschulen – ein Werkstattbericht. In: Liedtke, Gunnar; Lagerstrøm, Dieter (Hrsg.): *Friluftsliv. Entwicklung, Bedeutung und Perspektive.* Aachen: Meyer & Meyer Verlag 2007 (Edition Sport und Freizeit Band 17), S. 182 – 192.

LIEDTKE, Gunnar; LAGERSTRØM, Dieter: Friluftsliv – ein skandinavischer Ansatz schulischer und außerschulischer Outdoor-Bildung. In: Ferstl, Alex; Schettgen, Peter; Scholz, Martin (Hrsg.): *Der Nutzen des Nachklangs. Neue Wege der Transfersicherung bei handlungs- und erfahrungsorientierten Lernprojekten.* Augsburg: ZIEL – Zentrum für interdisziplinäres erfahrungsorientiertes Lernen GmbH 2004, S. 247–254.

LIEDTKE, Gunnar; LANG, Simone; JAKOB, Edwin: Outdoorkultur. In: Ferstl, Alex; Schettgen, Peter; Scholz, Martin (Hrsg.): *Der Nutzen des Nachklangs. Neue Wege der Transfersicherung bei handlungs- und erfahrungsorientierten Lernprojekten.* Augsburg: ZIEL – Zentrum für interdisziplinäres erfahrungsorientiertes Lernen GmbH 2004, S. 210–222.

LINDNER, Martin 2007: *Cultural Dimensions of Experiential Education. Internationale Veranstaltungsreihe zu Europäischen Konzepten der Abenteuer- und Erlebnispädagogik.* ‹http://www.unimarburg.de/fb21/ifsm/aep/aktuelles/nrlehrveranstaltung›. 2007-12-01.

LYNGØ, Inger Johanne; SCHIØTZ, Aina: *Tarvelig, men gjestfritt. Den Norske Turistforening gjennom 125år.* Oslo: Den Norsk Turistforening Boksenteret Forlag 1993.

MAASSEN, Boje: Naturerleben mit Kindern und Jugendlichen. In: Homfeldt, Hans Günther (Hrsg.): *Erlebnispädagogik. Geschichtliches, Räume und Adressat(inn)en, erziehungswissenschaftliche Facetten, Kritisches.* Baltmannsweiler: Schneider Verlag Hohengehren GmbH 1995, S. 181–189.

MASKE, Julie: Fritt i første. In: *Fjell og Vidde,* (2005) Nr. 6/2005, Oktober, S. 46–49.

MATRE, Torgeir: *„Kroppen i friluftslivet": En kroppssosiologisk analyse av endringsprosesser i friluftslivet mellom* 1850 og 1930. Telemark: 2000.

MEIER-GANTENBEIN, Karl F.: *Ermöglichen statt erziehen. Bausteine einer erlebnispädagogischen Didaktik.* Freiburg im Breisgau: Lambertus-Verlag 2000.

MELBYE, Mats D.: *Friluftsliv i vinterfjellet.* Oslo: Universitetsforlaget AS 1997.

MELZER, Martin: Friluftsliv in Norwegen. In: *Zeitschrift für Erlebnispädagogik,* 27 (2007) Nr. 7/8, Juli/August, S. 88–131.

MIKLITZ, Ingrid: *Der Waldkindergarten.* 3. aktualisierte und erweiterte Aufl. Weinheim und Basel: Beltz Verlag 2005.

MJAAVATN, Per Egil: Friluftsliv og skole. In: Friluftslivets Fellesorganisasjon (FRIFO) (Hrsg.): *Rapport fra konferansen i friluft 2005. Røros 1. og 2. desember.* Oslo: 2005, S. 9–19.

MONSEN, Lars: *Villmarksboka. En håndbok i friluftsliv.* Oslo: Gyldendal Norsk Forlag AS 1998.

MONSEN, Lars 2007: *Lars Monsen CV.* ‹http://www.larsmonsen.com/›. 2009–03–01.

MORTENSEN, Enok: Grundtvig`s Influence on American Education. In: Scandinavian Seminar College (Hrsg.): *Grundtvig's Ideas in North America. Influences and Parallels.* Viborg: Special-Trykkeriet Viborg as Denmark 1983, S. 122–132.

MYTTING, Ivar; BISCHOFF, Annette: *Friluftsliv. Grunnbok. Studieretning for idrettsfag.* 3. Aufl. Oslo: Gyldendal Norsk Forlag AS 2003.

MØINICHEN: Nytten av et sundt friluftsliv. In: Foreningen til fremme av friluftsliv og kropskultur under redaktion av Grimeland, B.A. (Hrsg.): *Friluftsliv og kropskultur.* Oslo: o.J. [1921], S. 21–22.

NANSEN, Fridtjof: *Eventyrlyst.* Otta: J.W. Cappelens Forlag as 1995.

NEUBERT, Waltraut: *Das Erlebnis in der Pädagogik.* Lüneburg: Verlag Klaus Neubauer 1990 (Schriften – Studien – Dokumente zur Erlebnispädagogik – Band 7).

NOCKHER, Ludwig: *Fridtjof Nansen. Polarforscher und Helfer der Menschheit.* Stuttgart: Wissenschaftliche Verlagsgesellschaft M.B.H. 1955.

NÆSS, Arne: The Norwegian Roots Of Deep Ecology. In: Dahle, Børge (Hrsg.): *Nature. The true Home of Culture.* Oslo: Norges Idrettshøgskole 1994, S. 15–18.

ÖHMAN, Johan: THE MEANING OF FRILUFTSLIV. In: EOE (Hrsg.): *OTHER WAYS OF LEARNING. Outdoor Adventure Education and Experiential Learning in School and Youth Work. Fourth European Congress for Outdoor Adventure Education and Experiential Learning.* Marburg: bsj 2001, S. 25–28.

OPSTEIN, Sally C.: Two Educators: Grundtvig and Dewey. In: Scandinavian Seminar College (Hrsg.): *Grundtvig's Ideas in North America. Influences and Parallels.* Viborg: Special-Trykkeriet Viborg as Denmark 1983, S. 13–16.

PÄDIKO E.V. (Hrsg.): *Konzeption Waldkindergarten Kiel Vieburger- und Projensdorfer Gehölz Pädiko e.V..* Kiel: 2002.

PRIEST, Simon; GASS, Michael A.: *Effective Leadership in Adventure Programming.* Illinois: Human Kinetics 1997.

RAUH, Hellgard: Frühe Kindheit. In: Oerter, Rolf; Leo Montada (Hrsg.): *Entwicklungspsychologie. Ein Lehrbuch.* 3., vollst. überarb. und erw. Aufl. Weinheim: Beltz, Psychologie Verl.-Union 1995, S.167–248.

REINERS, Anette: *Erlebnis und Pädagogik.* München: Verlag Prof. Dr. Jürgen Sandmann 1995 (Themenheft Praktische Erlebnispädagogik).

REPP, Gunnar: Norvegian Relationships to nature through outdoor life. In: Neumann, Jan; Mytting, Ivar; Brtnik, Jiri (Hrsg.): *Outdoor Activities. Proceedings of international seminar. Prague 1994.* Lüneburg: Verlag edition erlebnispädagogik 1996 (Berichte von Kongressen, Tagungen, Workshops – Band 7), S. 32–42.

REPP, Gunnar: Friluftsliv – eit tradisjonsbunde eller kreativt og endringsvillig liv i naturen? In: Sigmundsson, Hermundur; Ingebrigtsen, Jan Erik (Hrsg.): *Idrettspedagogikk*. Oslo: Universitetsforlaget AS 2006, S. 96–107.

ROUSSEAU, Jean-Jaques: *Emil oder über die Erziehung*. 12., unveränderte Aufl. Paderborn: Ferdinand Schöningh 1995.

SANDELL, Klas: Från naturliv till friluftsliv. In: Brügge, Britta; Glantz, Matz; Sandell, Klas (Hrsg.): *Friluftslivets pedagogik. För kunskap, känsla och livskvalitet*. 3. Aufl. Stockholm: Liber AB och författarna gemensamt 2007, S. 7–24.

SANDELL, Klas; SÖRLIN, Sverker (Hrsg.): *Friluftshistoria. Från „härdande Friluftslif" till ekoturism och miljöpedagogik: Teman i det svenska friluftslivets historia*. Stockholm: Carlsson Bokförlag 2000.

SCHLEHUFER, Anke: Erlebnispädagogik und ökologisches Lernen. In: Kölsch, Hubert (Hrsg.): *Wege Moderner Erlebnispädagogik*. München: Verlag Dr. Jürgen Sandmann 1995 (Fachhochschulschriften), S. 263–306.

SCHOLZ, Martin: *Der Lernprozess in der erlebnispädagogischen Arbeit*. Hamburg: Verlag Dr. Kovac 2001 (Schriften zur Sportwissenschaft Band 29).

SCHULZE, Gerhard: Gehen ohne Grund. Eine Skizze zur Kulturgeschichte. In: Kuhlmann, Andreas (Hrsg.): *Philosophische Ansichten der Kultur der Moderne*. Frankfurt am Main: Fischer Taschenbuch Verlag GmbH 1994, S. 79–130.

SCHULZE, Gerhard: *Die Erlebnisgesellschaft. Kultursoziologie der Gegenwart*. 2. Aufl. Frankfurt/Main: Campus Verlag GmbH 2005.

SCHWARZ, Karl: *Die Kurzschulen Kurt Hahns*. München: R. Piper GmbH & Co. KG 1968.

SENNINGER, Tom: *Abenteuer leiten – in Abenteuer lernen. Methodenset zur Planung und Leitungkooperativer Lerngemeinschaften für Training und Teamentwicklung in Schule, Jugendarbeit und Betrieb*. Münster: Ökotopia Verlag 2000.

SKIPPER, Pierre: Vägledning im Norden. Friluftsliv gestern und heute. In: *Norrøna. Zeitschrift für Kultur, Geschichte und Politik der skandinavischen Länder*, 15 (1999) Nr. 27, S. 78–80.

SLUMSTRUP, Finn: Kernebegreber i Grundtvigs oplysningstanker. In: Slumstrup, Finn u.a. (Hrsg.): *Grundtvigs Oplysningstanker og vår tid*. Oslo: Nordisk Folkehøgskoleråd 1983, S. 36–59.

SLUMSTRUP, Finn: En skitse af Grundtvigs liv. In: Slumstrup, Finn u.a. (Hrsg.): *Grundtvigs Oplysningstanker og vår tid*. Oslo: Nordisk Folkehøgskoleråd 1983a, S. 8–35.

SOITZEK, Detlef: Erlebnispädagogische Reisen an Bord der „Thor Heyerdahl". Eindrücke, Erfahrungen und Erkenntnisse. In: Ziegenspeck, Jörg (Hrsg.): *Segelschiff „Thor Heyerdahl" – Eine schwimmende Jugendbildungsstätte. Konzept – Programm – Erfahrungen.* Lüneburg: Verlag Klaus Neubauer 1988 (Kleine Schriften zur Erlebnispädagogik – Heft 3 –), S. 45–57.

SOZIALGESETZBUCH (SGB) Achtes Buch (VIII): *Kinder und Jugendhilfe.* In der Fassung des Gesetzes zur Einordnung des Sozialhilferechts in das Sozialgesetzbuch vom 27. Dezember 2003 (BGBl. I S. 3022).

SPONSEL, Heinz: *Fridtjof Nansen. Das Gewissen der Welt.* Nürnberg: Nest-Verlag 1952.

SØRENSEN, Øystein: *Fridtjof Nansen. Mannen og myten.* Oslo: Universitetsforlaget AS 1993.

THESING, Theodor: *Leitideen und Konzepte bedeutender Pädagogen. Ein Arbeitsbuch für den Pädagogikunterricht.* 2., verbesserte Aufl. Freiburg im Breisgau: Lambertus-Verlag 2001.

THOREAU, Henry David: *Walden oder Leben in den Wäldern.* Zürich: Diogenes-Verlag AG 2004.

TORDSSON, Björn: *Perspektiv på friluftslivets pedagogik.* Bø: Telemark Distrikthøgskole i Bø 1993.

TORDSSON, Bjørn: *Å svare på naturens åpne tiltale: En undersøkelse av meningsdimensjoner i Norsk friluftsliv på 1900-tallet og en drøftelse av friluftsliv som sosiokulturelt fenomen.* Oslo: Norgesidrettshøgskole, Institutt for samfunnsfag 2003.

TORDSSON, Bjørn: Noen kultursosiologiske perspektiver for friluftsliv. In: Idræt, Fysisk Aktivitet og Pædagogik (IFAP) Inst. for Idræt & Biomekanik Syddansk Universitet (Hrsg.): *Friluftsliv i det 21. århundrede. Kultursociologiske, friluftspolitiske og pædagogiske perspektiver for friluftsliv i Danmark og i Norden. Rapport fra SDU-seminar om fremtidens friluftsliv 19. november 2003 på Båring Højskole.* o.O.: 2003, S. 8–20.

VINGDAL, Inger Marie; HOLLEKIM, Ingjerd: *Barn i naturen. Utfordring – Opplevelse – Læring.* Oslo: Gyldendal Norsk Forlag AS 2001.

WEINHOLZ, Matthias: *Freiluftleben. Eine erlebnispädagogische Lebensphilosphie und ihre Chancen bei der Entwicklung junger Menschen.* Lüneburg: Verlag Klaus Neubauer 1989 (Schriften – Studien – Dokumente zur Erlebnispädagogik – Band 5).

WESTERSJØ, Johne Henrik: Friluftsliv in Norway. In: Liedtke, Gunnar; Lagerstrøm, Dieter (Hrsg.): *Friluftsliv. Entwicklung, Bedeutung und Perspektive.* Aachen: Meyer & Meyer Verlag 2007 (Edition Sport und Freizeit Band 17), S.42–58.

WITTE, Matthias D.: *Erlebnispädagogik: Transfer und Wirksamkeit. Möglichkeiten und Grenzen des erlebnis- und handlungsorientierten Erfahrungslernen.* Lüneburg: edition Erlebnispädagogik 2002 (Schriftenreihe Grundlagen der modernen Erlebnispädagogik – Band 5 –).

WOLD, Bjørn; RYVARDEN, Leif: *Jostedalsbreen. Norges største Isbre.* Oslo: Boksenteret Forlag 1996.

ZAPFFE, Peter Wessel: *Essays.* Oslo: Aventura Forlag 1992.

ZIMMER, Renate: *Handbuch der Bewegungserziehung.* Grundlagen für Ausbildung und pädagogische Praxis. 1. Ausg. der überarb. und erw. Neuausg., (14. Gesamtaufl.) Aufl. Freiburg: Herder Verlag 2004.

ZUFFELLATO, Andrea; KRESZMEIER, Astrid Habiba: *Lexikon Erlebnispädagogik. Theorie und Praxis der Erlebnispädagogik aus systemischer Perspektive.* Augsburg: ZIEL – Zentrum für interdisziplinäres erfahrungsorientiertes Lernen GmbH 2007.

Die Autorin

Swantje Bittner

Diplom-Sozialpädagogin/Diplom-Sozialarbeiterin, hat das norwegische Friluftsliv in den Jahren 2001/2002 als Schülerin an der Sogndal Folkehøgskule kennen gelernt und praktiziert. 2006/2007 kehrte sie für weitere Studien als Praxisanleiterin an diese Schule zurück.

Das theoretische Wissen hat sie durch Recherchen an norwegischen Hochschulen und Universitäten vertieft. Die praktischen Fertigkeiten wurden durch Touren an dieser Schule und durch eigene Touren in verschiedene Landesteilen Norwegens, Sommer wie Winter, erweitert.

Die Kenntnisse um das Friluftsliv konnte die Autorin bei zahlreichen Touren als Gruppenleiterin in Schweden, Norwegen, Frankreich, Ungarn, Irland, Polen und bei Begegnungsreisen in die baltischen Staaten umsetzen.

Swantje Bittner arbeitet zur Zeit bei den Kinder- und Jugendhilfediensten der Landeshauptstadt Kiel.

Annette Reiners

Praktische Erlebnispädagogik 1

Bewährte Sammlung motivierender Interaktionsspiele – Band 1
8. überarbeitete Auflage
172 Seiten, Format 20 x 24 cm
17,80 € (D) / 18,40 € (A) / 31,50 sFr
ISBN 978-3-937 210-93-3 (Softcover)

Mit bereits 50.000 verkauften Exemplaren ist dieses Buch innerhalb kürzester Zeit zu einem Klassiker der erlebnispädagogischen Praxis geworden! Hier finden Einsteiger im Bereich der Erlebnispädagogik zuerst einige Hintergründe zur Interaktions- und Erlebnispädagogik, danach werden verschiedene Interaktionsaufgaben und erlebnispädagogische Spiele vorgestellt. Diese sind übersichtlich in verschiedene Stufen sowie Nachbesprechungshilfen strukturiert. Hinweise auf Ziel der Übung, das benötigte Material, die Gruppengröße, empfohlenes Alter der Teilnehmer sowie der Spieldauer sind sehr hilfreich für die praktische Umsetzung. Nützlich sind auch die Hinweise auf die Erfahrungen, die mit den Aufgaben gemacht wurden. Das Buch ist sehr empfehlenswert für die Arbeit mit Kindern und Jugendlichen in Schule, Jugendarbeit und Freizeit, aber auch gut in der Erwachsenenbildung und Personalentwicklung einsetzbar.

Aus dem Inhalt:
Erlebnis- und Interaktionspädagogik – Das Hahn'sche Konzept – Aktualität der Erlebnispädagogik – Die Frage nach dem Transfer – Interaktionspädagogik und soziales Lernen – Beschreibung von Interaktionspädagogik – Interaktionsspiele in der Erlebnispädagogik – Die Qualifikation eines Erlebnispädagogen – Übersicht der Spiele – Interaktionsspiele der zweiten und dritten Stufe – Nachbesprechungshilfen

Annette Reiners

Praktische Erlebnispädagogik 2

Neue Sammlung handlungsorientierter Übungen für Seminar und Training – Band 2
2. überarbeitete Auflage
272 Seiten, Format 20 x 24 cm
73 Illustrationen, 68 Abbildungen
19,80 € (D) / 20,40 € (A) / 35,00 sFr
ISBN 978-3-937 210-90-2 (Softcover)

Band 2 des Bestsellers von Annette Reiners konzentriert sich auf handlungsorientierte Übungen für Seminare und Training. Im umfangreichen Praxisteil bietet dieser Band über 120 erprobte erlebnispädagogische Übungen, die – nach Anwendungskriterien und Schwerpunkten kategorisiert – übersichtlich präsentiert werden. Aus ihrem Erfahrungsschatz gibt A. Reiners hilfreiche Tipps und Diskussionsanregungen zu den einzelnen Übungen und erweitert das Repertoire durch zusätzliche Variationsmöglichkeiten. Ein unschätzbarer Fundus für die Seminar- und Trainingsarbeit!

Aus dem Inhalt:
Phasenmodell – Praxisbeispiele – Kennenlernen – Warming-Up – Perspektivenwechsel, Einstimmung und Wahrnehmung – Kommunikation, Argumentation und Entscheidung – Kooperation und Strategie – City Bound – Reflexion und Ausklang

Christoph Sonntag

Abenteuer Spiel

Handbuch zur Anleitung kooperativer Abenteuerspiele
2. überarbeitete Auflage
158 Seiten, Format 20 x 24 cm
37 Fotos / Abb. / Grafiken
17,80 € (D) / 18,40 € (A) / 31,50 sFr
ISBN 978-3-937 210-40-7 (Hardcover)

Das Buch beinhaltet neben grundlegenden Theorien und Überlegunge zu kooperativen Abenteuerspielen auch viele Tipps und Anregunge für die eigene Praxis. Es setzt sich mit den verschiedene Wahlmöglichkeiten und Verhaltensweisen der Spielleitung auseinan der. Der Aufbau orientiert sich an den verschiedenen Phasen eine Spiels, angefangen bei der Planung bis hin zur Reflexion. Darüber hin aus werden einige Spielketten vorgestellt, Sicherheitsaspekte themati siert und erklärt, wie es möglich ist, kurzfristig ein Spiel „aus der Ärmel zu schütteln". Ziel des Buches ist, das Potenzial kooperative Abenteuerspiele hervorzuheben und die Lust zu wecken, mit diese Spielen zu arbeiten.

Aus dem Inhalt:
Definition kooperativer Abenteuerspiele – Einflussfaktoren Merkmale einer guten Spielleitung – Das Erfinden von Spielen Animation – Präsentationsmethoden – Moderation – Rolle un Aufgabe der Spielleitung – Interventionen – Reflexion – Umgang m Konflikten – Feedback als Methode

Helga Losche, Stephanie Püttker

Interkulturelle Kommunikation

Theoretische Einführung und Sammlung praktischer Interaktionsübungen
5. überarbeitete und erweitere Auflage
256 Seiten, Format 20 x 24 cm
42 Spiele und Übungen
19,80 € (D) / 20,40 € (A) / 35,00 sFr
ISBN 978-3-940 562-28-9 (Softcover)

Kommunikation hat viele Seiten: verbal, nonverbal, durch Gestik un Mimik, tasten, fühlen, spüren und Sprache. Der erste Teil des Buche beschäftigt sich mit dem theoretischen Hintergrund Interkulturelle Kommunikation. Wer oder was bestimmt Kultur? Wie lernt ma Kultur? Warum machen die das ganz anders als wir? Behandelt werde auch Probleme in der interkulturellen Begegnung sowie Interaktion und Kommunikationskompetenzen.
Der zweite Teil stellt eine Vielzahl von Interkulturellen Spielen un Übungen vor. Das Besondere an Spielen mit Menschen verschieden Kulturkreise liegt in dem unterschiedlichen Verständnis und der spez fischen Bewertung von Kommunikation. Alle vorgestellten Spiele sir vielfach erprobt und durch Hinweise zu Zielen, Teilnehmerzahl und b nötigtes Material einfach in der Praxis einsetzbar.

Aus dem Inhalt:
Kulturkreise – Kulturstandards – „Störfall" Kommunikation – Kon munikationsstrategien – Körpersprache – Soziale Beziehungen Interaktionsfall/en – Wahrnehmung – Interaktions- und Kommun kationskompetenz – Spielend Kultur lernen?

Fordern Sie den aktuellen Verlagskatalog an oder sehen Sie ins Internet: www.ziel.org

Bestellungen bitte an:

ZIEL – Zentrum für interdisziplinäres erfahrungsorientiertes Lernen GmbH
Zeuggasse 7–9, 86150 Augsburg
Tel. (08 21) 420 99 77, Fax (08 21) 420 99 78
E-Mail: verlag@ziel.org

Die Bücher unserer „gelben Reihe" zu erlebnispädagogischen und handlungsorientierten Themen – meist im Hardcover – sind eine ideale Verknüpfung von theoretischem Wissen und Anwendung in der Praxis. Die anregende und abwechslungsreiche Gestaltung, anschauliche Grafiken und die verständliche Sprache erhöhen den Gebrauchswert der Publikationen.

... und bei Ihrem Buchhändler!

Andreas Bedacht (Hrsg.)

Fahrt in die Tiefe

Ein Handbuch für Höhlenbefahrungen
216 Seiten, Format 20 x 24 cm
62 Fotos, 138 Grafiken / Illustrationen
19,80 € (D) / 20,40 € (A) / 35,00 sFr
ISBN 978-3-937 210-04-9 (Hardcover)

Höhlen faszinieren! Geheimnisvolle Höhlen fordern von jeher den menschlichen Forscherdrang heraus. „Fahrt in die Tiefe" ist ein Handbuch für erfahrene Höhlengeher und ambitionierte Anfänger gleichermaßen. Die Autoren – allesamt erfahrene Höhlengeher – vermitteln umfangreiches Basiswissen und geben praktische Tipps für den Trip in die „Unterwelt". Sowohl Höhlenführer als auch angehende Höhlenforscher können sich mit diesem Buch auf kommende Touren mit und ohne Gruppen intensiv vorbereiten. Die speläologischen Grundlagen werden in sachkundiger und leicht lesbarer Form vorgestellt. In einer „Trickkiste der Pädagogik" finden Gruppenleiter und Höhlenführer Vorschläge und Anleitungen für vielerlei Gruppenspiele. Praktische Sicherheitshinweise, die zur Risikominimierung und Unfallvermeidung beitragen sollen, machen das Handbuch zur unverzichtbaren Lektüre für alle, die das Innere der Erde einmal „live" und vor Ort erkunden möchten.

Aus dem Inhalt:
Faszination Höhle: Leben ohne Licht – Auf den Spuren der Menschheit – Erfolgreich führen: Qualifikation u. Ausbildung – die Höhle lesen: Grundlagen und Praxistipps – Risikomanagement bei Höhlenbegehungen – Höhle und Spiel – Höhlen- und Naturschutz

Heike Hornig, Markus Hönig

Faszination Outdoor-Küche

mit großem Extra-Teil „interkulturelle Aspekte" und heraustrennbaren Rezeptkarten
208 Seiten, Format 20 x 24 cm
19,80 € (D) / 20,40 € (A) / 35,00 sFr
ISBN 978-3-940562-10-4 (Softcover)

Outdoorküche muss nicht spartanisch sein, sondern bietet ganz im Gegenteil viele reizvolle Möglichkeiten, Kochen und Essen in der Natur als faszinierendes Erlebnis zu gestalten.
Kreative Outdoorküche als Methode! Dazu bietet das vorliegende Buch zahlreiche Tipps und Tricks. Von aktionsbegleitenden Kochtechniken, der Outdoorküchenaktion als Programminhalt, Erfahrungsberichten aus der Praxis bis hin zu einer Sammlung von „Best practice"-Rezepten ist alles dabei. Ein besonderes Augenmerk liegt in einem Extrakapitel auf dem Bereich „Outdoorküche mit multikulturell gemischten Gruppen", denn Essen und Trinken sind sowohl zentral in menschlicher Kommunikation, als auch zutiefst kulturell geprägt!

Peter Oster

Erste Hilfe Outdoor

Fit für Notfälle in freier Natur
2. überarbeitete Auflage
192 Seiten, Format 20 x 24
Zahlreiche Abbildungen, Vierfarbdruck
24,80 € (D) / 25,50 € (A) / 46,00 sFr
ISBN 978-3-940 562-02-9 (Softcover)

Ein gebrochener Arm, ein verstauchter Fuß, akute Bauchschmerze oder eine allergische Reaktion – all das ist in der Stadt für den moder nen Rettungsdienst kein großes Problem. Doch wie sieht es aus, wen man mitten im Wald, im Gebirge oder in der Wüste in eine solch Situation kommt? Wie kann man jetzt den Überblick behalten und di richtigen Entscheidungen treffen?
„Erste Hilfe Outdoor" ist mehr als nur ein Erste-Hilfe-Buch: spezie für Oudoor-Profis ist es wichtig, sich mit Fragen der Ausbildung Ausrüstung, Teilnehmervoraussetzungen und der Organisation de Notfallmanagements zu beschäftigen. Denn medizinische Kenntniss sind nur ein Element des Sicherheitsnetzes, das für jede Outdoo Unternehmung wichtig ist. Alle beschriebenen Techniken sind in de Praxis erprobt und haben sich bewährt. Durch viele Abbildungen ur witzige Illustrationen ist das Buch sehr anschaulich gestaltet. Es eign sich somit hervorragend als Ergänzung zu einem Erste-Hilfe-Kurs ode zum Selbststudium.

Konstanze Thomas, Astrid Habiba Kreszmeier (Hrsg.)

Systemische Erlebnispädagogik

Kreativ-rituelle Prozessgestaltung in Theorie und Praxis
237 Seiten, Format 20 x 24 cm
23 Abb. / Graf. / Tab.
19,80 € (D) / 20,40 € (A) / 35,00 sFr
ISBN 3-978-3-937 210-96-4 (Softcover)

Diese Publikation vollzieht einen Weg durch die Kreativ-rituel Prozessgestaltung: über Haltung und Menschenbild, zum Kern de systemisch-pädagogischen Prozesses, hin zu den harten Wirklichkeite der Sicherheit und des Projektmanagements. In den Artikeln werd einzelne methodische oder theoretische Aspekte beschrieben und den Zusammenhang unterschiedlicher beruflicher Kontexte gesetz Ein reiches Spektrum, das fachliche Inspiration bietet und zur Reflexic des eigenen professionellen Handelns anregt.
Zu Wort kommen Pädagogen, Beraterinnen, Künstler und Unte nehmerinnen. Die Texte berichten von ihren Erfahrungen mit system scher Erlebnispädagogik, sie geben Einblick in die methodische Prax ergreifen durch ihre Nähe zu persönlichen Erlebnissen und zeichn sich durch stilistische Originalität aus.

Aus dem Inhalt:
Phänomene – Systemische Haltung – Prozessorientierung – Mensche bild – Lösungsorientierung – Sprachbegleitung – Leitung – Natu erfahrung – Szenische Arbeit – Kreativtechnik – rituelle Gestaltung Interventionsformen – Outdoor-skills – Raumgestaltung – Sicherheit Marketing – Projektmanagement, Qualitätsmanagement, Logistik

Fordern Sie den aktuellen Verlagskatalog an oder sehen Sie ins Internet: www.ziel.org

Bestellungen bitte an:

ZIEL – Zentrum für interdisziplinäres erfahrungsorientiertes Lernen GmbH
Zeuggasse 7–9, 86150 Augsburg
Tel. (08 21) 420 99 77, Fax (08 21) 420 99 78
E-Mail: verlag@ziel.org

Die Bücher unserer „gelben Reihe" zu erlebnispädagogischen und handlungsorientierten Themen – meist im Hardcover – sind eine ideale Verknüpfung von theoretischem Wissen und Anwendung in der Praxis. Die anregende und abwechslungsreiche Gestaltung, anschauliche Grafiken und die verständliche Sprache erhöhen den Gebrauchswert der Publikationen.

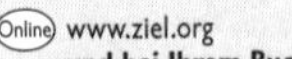

Online www.ziel.org
... und bei Ihrem Buchhändler!